# Im Land der Träume

AF166047

# Der Autor

Ingo Michael Simon ist Heilpraktiker für Psychotherapie und Hypnosetherapeut. Mit Hilfe hypnosegestützter Psychotherapie behandelt er vor allem Menschen mit anhaltenden psychischen Leiden. Angststörungen aller Art und psychosomatische Erkrankungen bilden den Schwerpunkt seiner Praxistätigkeit. Zu seinen therapeutischen Angeboten gehören hauptsächlich klassische und moderne Hypnoseanwendungen, somato-emotionale Psychotherapie und geführte Trancereisen durch die Welt des von ihm entwickelten TRAUMLANDES als innere Repräsentanz der Emotionen.

# Ausbildungskurse

Ingo Michael Simon bietet regelmäßig Ausbildungskurse zu verschiedenen Hypnoseformen von der klassischen Suggestionshypnose bis zu modernen Visualisierungstechniken und natürlich zu der von ihm selbst entwickelten TRAUMLANDTHERAPIE an. Aktuelle Informationen, Angebote und Termine finden Sie auf *www.praxissimon.de.*

# Im Land der Träume

## Fantasiereisen für Erwachsene

### Band 3

Ingo Michael Simon

# Im Land der Träume
## Fantasiereisen für Erwachsene 3

© 2014 - I. M. Simon

© 2014  Ingo Michael Simon
Herstellung und Verlag:
BoD - Books on Demand, Norderstedt
ISBN: 978-3-7322-8571-6
Covergestaltung: Magic Merlin


Kontakt zum Autor:

http://www.traumlandtherapie.de
http://www.praxissimon.de

**Wichtiger Hinweis**

Die Inhalte dieses Buches beruhen auf den praktischen Erfahrungen des Autors mit Hypnoseanwendungen und Psychotherapie im Zustand der Trance. Obwohl sich der Autor um größtmögliche Sorgfalt bemüht hat, können Fehler oder Missverständnisse in der Darstellung nicht vollkommen ausgeschlossen werden. Die therapeutische Arbeit mit Menschen sowie die Anwendung der Hypnose obliegen ausschließlich der Verantwortung des Hypnotiseurs. Es kann nicht ausgeschlossen werden, dass Teile dieses Buches falsch verstanden werden oder die Anwendung eines vorgestellten Verfahrens eine ungewünschte Reaktion beim Klienten bewirken kann. Eine Mitverantwortung des Autors besteht auch dann nicht, wenn unter Hinweis auf die Ausführungen dieses Buches mit einem Klienten gearbeitet wird.

# Inhaltsverzeichnis

# Chora'Ana
### Institut

## Ausbildung, Beratung & Gesundheit

Chora' Ana ist ein Ort der Unterstützung, Kräftigung und Begegnung, der achtsamen Kompetenz und des Wirkens. Wir bringen für Sie Berater, Ausbilder und Therapeuten aus ganz Europa zu Veranstaltungen an *einen* Ort ... mitten ins Zentrum von Saarbrücken!
Finden Sie bei uns Ihre Wunschausbildung oder das für Sie passende Beratungs- und Therapieangebot ... oder mieten Sie bei uns Ihren Raum und bringen auch *Ihre* Angebote an Beratung, Therapie und Ausbildung nach Saarbrücken!
Sie finden hier Räume mit Wohlfühlfaktor und eine prachtvolle Adresse, um Ihre Kompetenzen in der besten Form zur Wirkung zu bringen. Unsere Behandlungs- und Beratungsräume eignen sich besonders für den alternativgesundheitlichen Bereich. Von Business bis Alternativ, ganz gleich was Sie tun ... Sie dürfen sich bei aller Konzentration auch wohlfühlen. Wenn Sie nach einem Arbeitstag unsere Räume verlassen, darf es mit einem Lächeln sein.

**Institut Chora' Ana**
Bahnhofstraße 38 - 66111 Saarbrücken
Telefon 0681 / 910 31 667
www.Leben-Wissen-Gesundheit.de

# Vorwort

Die von mir entwickelte TRAUMLANDTHERAPIE ist eine Form der Begleitung und Behandlung für Menschen, die in schwierigen Lebensphasen oder im Umgang mit Krankheiten alternative Hilfe suchen. Als Heilpraktiker für Psychotherapie arbeite ich vor allem mit Klienten, die unter schweren Angstzuständen leiden oder von Zwängen und anderen neurotischen Störungen betroffen sind. In den letzten Jahren der intensiven Auseinandersetzung mit tieferen Zugangsmöglichkeiten zu den verdrängten Emotionen meiner Klienten, die ich vor allem für sie selbst erfahrbar und verstehbar machen möchte, habe ich die spezielle Vorgehensweise der Traumlandreisen entworfen und kontinuierlich weiter entwickelt. Die Tagtraumreisen oder Fantasiereisen im und durch das Land der Träume können dabei in einer einfachen Form zur Entspannung und zum Abbau von Stressbelastungen eingesetzt werden, in der therapeutischen Version können damit mentale Probleme und psychische Störungen bis hin zu schweren krankhaften Psychosyndromen therapiert werden. Meine Erfahrung hat gezeigt, dass auch die begleitende Behandlung körperlicher Erkrankungen und die Therapie des psychischen Anteils der Krankheiten im Sinne einer psychosomatischen Psychotherapie von den Fantasiereisen der Traumlandtherapie profitieren. Da ich seit Jahren Texte für Hypnose- und Trancetherapeuten veröffentliche und immer wieder Anfragen zu der therapeutischen Version der Traumlandreisen erhalte, habe ich die Homepage der Traumlandtherapie überarbeitet. Auf *www.traumlandtherapie.de* gibt es Hörproben und Ausbildungsangebote und natürlich auch die Möglichkeit, Termine in meiner Praxis zu vereinbaren. Ich wünsche allen Therapeuten und Beratern, allen kranken und leidenden Menschen, aber auch allen, die sich aus anderem Grund für diese Fantasiereisen interessieren, dass sie im Land der Träume sich selbst neu und anders begegnen können und Befreiung und Zufriedenheit finden.

*Ingo Michael Simon*
*März 2014*

# Die Traumlandtherapie

Die Arbeit mit Fantasiereisen (Trancegeschichten) ist älter als die Hypnosetherapie. Märchen und Erzählungen haben eine besondere Bedeutung, die in allen Kulturen der Welt weitgehend gleich ist. Sie werden erzählt, um Angst zu vertreiben, um Ruhe zu finden und um den Kindern etwas Lehrreiches mit auf den Weg zu geben. Verpackt in eine Geschichte soll auf Gefahren aufmerksam gemacht werden, sollen Moral und Tugend aufgebaut und gefördert werden und nicht zuletzt sollen böse Geister vertrieben werden. Im Grunde genommen geht es in Märchen immer um etwas Heilsames. Viele Therapeuten wehren sich sicherlich bei der Behauptung, dass eine Fantasiereise ein Märchen sei. Das hat wahrscheinlich damit zu tun, dass der Fantasiereise oder Trancegeschichte eine therapeutische Absicht anhaftet, was bei den Kindermärchen nicht der Fall ist. Dennoch wirkt das gleiche Prinzip. Unsere Vorstellungskraft wird gefordert. Wir versetzen uns beim Anhören immer in das Märchen oder eben in die Trancegeschichte hinein. Dabei spielt es keine Rolle, ob wir die Geschichte interessant oder albern finden. Wir gehen automatisch in die verschiedenen Figuren und Rollen hinein und machen uns ein Bild davon, was wir wohl selbst tun würden in der einen oder anderen Situation. Märchen beinhalten meistens Elemente, die nicht realistisch sind. Zauberei, Magie oder Wesen, die uns im Alltag nicht begegnen, spielen hier oft eine Rolle. Gleichzeitig ist der Kern der Geschichte doch immer sehr realistisch und gibt Anknüpfungspunkte zu unserem Leben. Die vermittelte Botschaft ist meistens eine Aufforderung, sich gut und ehrbar zu verhalten. Darauf verzichtet Therapie natürlich. Es geht ja nicht darum, einen moralisch guten Menschen zu erziehen, sondern Symptome zu lindern. Es ist jedoch das gleiche Prinzip. Fantasiereisen können Elemente oder Abläufe enthalten, die zauberhaft oder märchenhaft sind. In meinem Buch *Wellen am Horizont* gibt es beispielsweise eine Geschichte, bei der es um einen Freiheitsflug geht. Bei einer Fantasiereisen geht das einfach, indem wir die Arme ausbreiten und fliegen. In der Fantasie ist das kein Problem. Wer kennt nicht diese Fantasien, fliegen zu können, zaubern zu können? Gleichzeitig geht es aber auch um ganz reale Probleme oder im Falle der Behandlung von

Krankheiten auch um Symptome. Das Problem des Klienten wird in eine Geschichte verpackt, die ein symbolisches Spiegelbild der Thematik ist. Das wird intuitiv verstanden, so wie wir Metaphern und Vergleiche sehr leicht verstehen. Die von mir entwickelte Traumlandtherapie arbeitet mit ganz speziellen Märchen, genau genommen mit einer Märchenwelt, die der Klient selbst mit Leben füllt. Im Unterschied zu vielen anderen Trancegeschichten oder Fantasiereisen gibt es hier keinen vorgezeichneten Handlungsablauf und - zumindest bei den Fantasiereisen für Erwachsene - nur selten Figuren, denen ich Worte in den Mund lege. Meistens ist der Klient alleine im Land der Träume unterwegs und erkundet seine Emotionen und Bilder seiner Erinnerungen, um neue Wege zu finden. Manchmal trifft er auch Figuren, die in seiner Fantasie von alleine anfangen zu sprechen, ohne dass ich Inhalte oder Worte vorgebe. Die Traumlandreisen sind so aufgebaut, dass verdrängte Gefühle und Ereignisse wiederbelebt werden und auf einer tiefen Gefühlsebene verstanden und verarbeitet werden. Daher kommt die Traumlandreise auch ohne direkte oder verklausulierte Zielsuggestionen aus. Ziele und Wege findet der Klient im Land der Träume selbst. Es handelt sich also weniger um eine tatsächliche Geschichte als um eine Reise durch die eigenen Emotionen. Dabei kann der Zuhörer mehrfach die Perspektive wechseln und seine Probleme von verschiedenen Seiten her betrachten. Im Verlauf der Trancereise kann er außerdem Lösungswege ausprobieren und seine eigene Kreativität und innere Heilkraft wecken. Trancereisen regen immer zum Denken und Fühlen an, können praktisch keinen Schaden anrichten und sind leicht verfügbar. Mit etwas Fantasie können wir uns täglich neue Trancereisen ausdenken und sie unseren Klienten in der Beratung oder in der Therapie anbieten. Wenn sie sich für die Traumlandtherapie interessieren und diese gerne selbst erlernen möchten, besuchen sie mich doch einfach einmal auf meiner Homepage und informieren sich über aktuelle Kursangebote zur Traumlandtherapie auf *www.traumlandtherapie.de.*

Ich werde häufig auf meine Fantasiereisen angesprochen. In meinen Ausbildungsgruppen und von meinen Klienten höre ich immer wieder, dass die Geschichten sehr berührend sein können. Ich werde dann sehr oft gefragt, worauf denn zu achten sei beim Formulieren einer Fantasiereisen, um Schäden beim Klienten zu vermeiden. Natürlich gibt es gute und weniger gute Trancereisen. Doch sorgen sie sich nicht. Sie schaden ihrem Klienten nicht mit einer Geschichte, auch nicht mit einer visualisierten Reise durch seine Emotionen und Gedanken. Doch ich kenne schon das nächste Argument: Was helfen kann, kann auch schaden. Wer hilft, verändert ja etwas. Also kann auch eine negative Veränderung eintreten. - Ich bleibe stur! Fantasiereisen sind ungefährlich. Wir geben unseren Klienten Raum, da zu sein und sich zu öffnen. Ich versichere ihnen, dass das Gegenteil viel dramatischer ist: Schweigen, Ablenken und nicht darüber reden oder nicht einmal an die Probleme denken. Das führt zu einem immer größer werdenden inneren Druck, der die Problematik verschlimmert. Ich verzichte auf eine theoretische Erklärung der Wirkungsweise von Fantasiereisen und darüber, welche Wörter man benutzen oder lieber weglassen sollte, wenn man solche Geschichten schreibt oder frei formuliert. Probieren Sie die Tagträumereien einfach einmal aus und versuchen Sie doch einmal nach einiger Zeit, selbst eine Fantasiereise zu schreiben. Sie werden sehen, dass es vor allem auf die liebevolle und zärtliche Grundhaltung beim Formulieren und beim Lesen oder Sprechen ankommt, auf Respekt und ehrliche Akzeptanz. Das ist dann schon mehr als genug, um eine gute und auch therapeutische Wirkung zu erzielen.

Die Fantasiereisen der Traumlandtherapie folgen jedoch einem klaren Aufbau, den ich im Verlauf meiner Praxistätigkeit entworfen und weiterentwickelt habe. Das hat vor allem damit zu tun, dass es sich in meiner Arbeit überwiegend um Therapie handelt und eine klare Struktur den Ablauf der Sitzung erleichtert. In der direkten Arbeit mit meinen Klienten lese ich nie einen Text ab, sondern formuliere alle Fantasiereisen oder Hypnosetexte frei und individuell. Doch es wäre nicht sehr professionell, einfach drauf los zu erzählen. Unsere Klienten brauchen in der Regel etwas Zeit, um von Alltagsgedanken Abstand zu nehmen und sich auf das Fantasieren und Visualisieren einzustellen. Außerdem geht es ja nicht um freie Assoziation des Klienten sondern um die Konfrontation mit Themen und Eigenanteilen. Ein klarer Aufbau, der die innere Schrittfolge von Erkennen, Verstehen und Verändern berücksichtigt, bietet sich daher dringend an. Bereits die Rückmeldungen zu den ersten

Bänden meiner Buchreihe *Zehn Hypnosen* hatten gezeigt, dass der Bedarf an therapeutischen Texten hoch ist. Ich habe bereits früher Fantasiereisen in Büchern veröffentlicht, gehe mit dieser neuen Buchreihe nun aber dazu über, den Aufbau der Reisen deutlicher zu strukturieren und damit für die Leser nachvollziehbar zu machen. Die einzelnen Abschnitte sind daher jeweils am Anfang mit einem kursiv gedruckten Hinweis versehen, der klarstellt, welche therapeutische Funktion der betreffende Textteil hat. Folgende Schritte gehören zu einer therapeutischen Fantasiereise des Traumlandes:

1. Hinführung zum Thema (Themeninput)
2. Ankommen im Land der Träume
3. Distanzierung vom Bewussten
4. Bewusstseinsreinigung
5. Konfrontation und Klärung
6. Schritt in die Gegenwart
7. Kreative Neuausrichtung
8. Selbstversöhnung
9. Achtsamkeit und Selbsttreue

Die Hinführung zum Thema sollte immer möglichst nah am tatsächlichen Erleben und an der Geschichte des jeweiligen Klienten formuliert werden. Ich habe diesen Abschnitt am Anfang jeder Trancereise kursiv gedruckt und in Klammern gesetzt. Entscheiden sie selbst, ob sie diese Einleitung so übernehmen oder eine individuelle Hinführung benutzen. Ich habe darauf geachtet, alle Textteile so zu formulieren, dass sie auch ohne Anpassung und Umformulierung benutzt werden können. Wenn sie mit einem Klienten in mehreren Sitzungen arbeiten, empfehle ich die Abschnitte *Ankommen im Land der Träume, Bewusstseinsreinigung, Schritt in die Gegenwart* und den letzten Abschnitt, *Achtsamkeit und Selbsttreue,* ab der zweiten Sitzungen immer sehr ähnlich zu halten. Diese Schritte gelten als Fixpunkte für den Klienten, der in jeder Reise einen unterschiedlichen Schwerpunkt seines Themas bearbeitet und sich an dem verlässlichen Gerüst dieser Abschnitte festhalten kann. Er erkennt das Land der Träume an diesen „Stationen" immer wieder als die Plattform seiner inneren Auseinandersetzung mit sich selbst. So kann der Klient in jeder Sitzung ein sehr unterschiedliches und sich stark veränderndes Land der Träume erleben, gleichzeitig aber vertraute und ihn führende Elemente wieder erkennen. Die jeweils erste Fantasiereise dient als Grundversion, die dem Zuhörer das Land der Träume und das Grundprinzip der verdrängten Gefühle erklärt. Daher weicht der Aufbau der ersten Sitzung von der typischen Schrittfolge, die ich gerade erläutert habe, ab. Eine Tranceeinleitung oder Induktion ist nicht erforderlich. Fantasiereisen führen ganz von selbst in einen Entspannungszustand, der einer Therapietrance entspricht. Dieser Zustand ist vollkommen ungefährlich. Lassen sie ihrem Klienten am Ende der Reise etwas Zeit zum Wachwerden und helfen sie etwas dabei. Auch hierzu ist keine klassische Tranceausleitung notwendig, kann aber verwendet werden. Ich habe eine „Ausleitung" an das Ende jeder Reise gehängt.

Für jedes Buch dieser Reihe wähle ich zwei verschiedene Themen aus, zu denen ich jeweils fünf Fantasiereisen schreibe, die als Sitzungsfolge verstanden werden können. Die Reihenfolge und die Vorgehensweise der fünf Fantasiereisen sind so gewählt, dass sie als Therapeut mit einem Klienten in der Schrittfolge der Traumlandtherapie fünf aufeinander folgende Sitzungen gestalten können. Wenn sie die Reisen für sich selbst nutzen wollen, nehmen sie sich einfach die fünf Reisen als Audiodatei auf und hören sie sich diese an. Nutzen sie jede Aufnahme für die Dauer einer Woche und hören sie diese täglich an. Spüren sie dann selbst die Wirkung. Denken sie bitte auch daran, dass selbst gesprochene Fantasiereisen nicht die Behandlung durch einen Arzt oder Heilpraktiker ersetzen. Die einzelnen Fantasiereisen bauen jedoch nicht inhaltlich aufeinander auf, das ist auch in meiner Praxis nicht so. Der Zuhörer muss nicht die zweite gehört haben um die dritte zu verstehen. Es können also auch einfach einzelne Reisen, die ihnen gut gefallen, in der Praxis benutzt werden. Alle Texte sind leicht zu verstehen, auch ohne jede Vorkenntnis. Sie wollen wissen, welchem Grundverständnis die Traumlandtherapie folgt? Nichts einfacher als das. Lesen sie einfach eine Grundversion (Erste Sitzung). Dann wissen sie alles, was wichtig ist. Sie müssen nicht danach suchen. Sie werden sehen, dass sich die Traumlandtherapie selbst erklärt.

# Der neue Audio-Fernkurs mit Trainingswochenende!

## *Zertifizierter Traumlandtherapeut*

von und mit
Ingo Michael Simon

Infos und Anmeldung auf

**www.traumlandtherapie.de**
**www.praxissimon.de**

# Einschlafstörungen
*Erste Sitzung (Grundversion)*

*[Du kannst seit langer Zeit nicht gut einschlafen, liegst lange wach und denkst nach. Du willst eigentlich schlafen um dich zu erholen und zu regenerieren. Doch dann halten dich sorgenvolle Gedanken wach. Manchmal weißt du auch gar nicht, warum du tatsächlich wach liegst, versuchst dich dann mit belanglosen Gedanken abzulenken, doch immer wieder kommst du dann ins Grübeln. Dann ist es so, als könntest du deine Gedanken nicht einfach belanglos wandern und abschweifen lassen, als müsstest du immer irgendetwas erledigen. Obwohl du nichts anderes zu tun hättest als zu schlafen, kannst du die wache Zeit bis zum Einschlafen nicht wirklich vergehen lassen. Du hast den Impuls etwas zu tun, etwas zu erledigen, die Zeit irgendwie zu nutzen. Das erlebst du dann als Grübeln, das nicht enden will und dich weiter wach hält. Du fragst dich, woran es liegt, und vielleicht gibt es tatsächliche Sorgen und Probleme, über die du nachts nachdenkst, wenn du nicht einschlafen kannst. Dann denkst du, es wären diese Sorgen oder Themen, die dich wach halten. Doch das stimmt nicht. Dein Körper braucht Ruhe, auch und gerade dann, wenn du Sorgen hast. Es ist ein viel älteres Programm, das dich wach hält, ein Denkmuster, das du vor langer Zeit übernommen hast, als du einst gelernt hast, viel mehr Verantwortung zu tragen als du eigentlich tragen konntest. Mehr Verantwortung als wirklich zu dir gehörte. Ich will dir vom Land der Träume erzählen. Das Land der Träume existiert nicht nur im Schlaf, sondern ist immer da. Es liegt tief in dir und erzählt dir eine besondere Geschichte - Deine Geschichte.]*

*Ankommen im Land der Träume.* Heute kannst du eine besondere Reise unternehmen ... ... eine Reise, die dich tief in deine eigene Kreativität und Fantasie führt ... ... Das Ziel dieser Reise bist du selbst ... ... was auch immer du also erleben kannst und erleben wirst, führt dich am Ende immer nur zu dir selbst ... ... Dein Körper zeigt dir den Weg dorthin ... ... Folge einfach dem Rhythmus deines Atems und spüre, wie er mit jedem Zug deinen Körper verlässt ... ... Stell dir vor, dass du mit dem Wind deines Atems deinen Körper verlassen könntest, um diese Reise anzutreten ... ... Diese Reise, die dich weg führt von der Begrenztheit des Raumes und der Zeit … … Du verlässt deinen Körper jetzt und gehst in das Land der Träume … …

*Der heilsame Weg.* Das Land der Träume liegt tief in deiner eigenen Kreativität und Vorstellungskraft, doch Fantasie und Wirklichkeit liegen nur einen Wimpernschlag voneinander entfernt … … Du kannst das Land der Träume in Bildern und Farben erleben … … und als Gedanken und Klänge … … Du hörst im Hintergrund das Geräusch von sprudelndem Wasser und die Melodie des Traumlandes … … und damit tauchst du ein in die Vorstellung, einerseits in der Natur oder einem ganz natürlichen Umfeld zu sein und andererseits in einem Zustand der inneren und äußeren Leichtigkeit … … schwerelos und weit entfernt von allem, was in deinem Alltag eine Rolle spielt … … Mit der Natur verbunden bist du von Anfang an, denn du bist Teil der Natur und ein Teil der Schöpfung … … und mit deiner Geburt wurden dir die menschlichen Bedürfnisse nach Liebe und Zuneigung mitgegeben … … Das Geräusch des Wassers und das Singen der Vögel erinnern dich an den Sonnenaufgang und damit an die Selbstverständlichkeit der Natur und der angeborenen Bedürfnisse … … Doch in unserem Leben verläuft nicht alles so selbstverständlich wie es die Natur vorgesehen hat … … denn die Schöpfung hat uns eine Eigenschaft mit auf den Weg gegeben, die uns davon abhalten kann, im Einklang mit unserer menschlichen Natur zu leben … … diese Eigenschaft oder Eigenart besteht darin, über unsere eigene Vergangenheit nachdenken zu können und uns auszumalen, wie unser Leben sein könnte, wenn alles anders gekommen wäre – Tiere können sich auch erinnern, können ebenfalls aus Vergangenem lernen, doch sie denken niemals darüber nach, welchen Einfluss die Vergangenheit auf das Heute hat … … Sie fragen niemals, wie ihr Leben in der Gegenwart sein könnte, wenn sie in der Vergangenheit ein anderes Leben als ihr eigenes gehabt hätten … … Wir aber tun das, wir denken darüber nach und hadern dabei oftmals mit dem, was wir erlebt haben … … fühlen uns vom Schicksal betrogen oder schlecht behandelt … … Der freie Wille ist nicht nur die Fähigkeit, eine Entscheidung darüber zu treffen, was wir wollen, was wir sagen oder tun … … Der freie Wille ist auch die uns offen stehende Möglichkeit, unseren Lebenslauf zu akzeptieren und das Leben anzunehmen, so wie es war, denn ändern können wir es nicht mehr, auch Besprechen und Bearbeiten des Vergangenen kann die Vergangenheit nicht mehr beeinflussen … … Annehmen unserer eigenen Geschichte bedeutet dann auch, aus ihr zu lernen und dann in unserer Gegenwart zu leben … … mit unseren Erinnerungen, die schmerzhaft sein können, doch helfen können, zu reifen und zu wachsen … … Wir können aus freiem Willen heraus darauf verzichten, mit der Vergangenheit darum zu ringen, dass sie doch anders gewesen sein möge … … Wir wissen, dass das nicht geht, doch jeder Wunsch nach Vergeltung, nach Rache oder nach Ausgleich für das einst erfahrene Leid ist doch in Wahrheit die Sehnsucht nach Wiedergutmachung dessen, was niemals gutgemacht werden kann, weil es bereits geschehen ist … … Das bedeutet dann nicht, dass alles vergeben und vergessen sein muss oder dass niemand für das Vergangene Verantwortung tragen sollte … … Du wirst nicht aufgefordert, irgendetwas oder irgendjemandem zu verzeihen, wenn du es nicht willst … … Diese Botschaft kennt das Land der Träume nicht, denn die Aufforderung, erlittenes Unrecht zu vergeben, wäre gleichbedeutend damit, dass du selbst die Verantwortung oder Schuld tragen solltest, denn wir Menschen können nicht anders als in Verantwortung und Zuständigkeiten zu denken … … Deine Vergebung für andere, was auch immer dir angetan wurde, ist eine Sache deiner persönlichen Entscheidung … … Du darfst vergeben, musst es aber nicht … … Vergebung hat nichts mit deiner Schlaflosigkeit zu tun, auch nichts damit, wie du besser in den Schlaf kommen könntest … … Der heilsame Weg ist ein anderer … … Der Weg des Traumlandes ist ein anderer … … Du wurdest als Mensch geboren und damit auch mit dem Bedürfnis, geliebt zu werden, das gehört zum Menschsein dazu … … Doch Liebe war nicht bedingungslos in deiner Kindheit, vielleicht ist sie es auch niemals oder kann es niemals sein … … Das Drama deines Lebens bestand und besteht jedoch darin, dass deine Gefühle nicht immer sein durften … … Das, was du gefühlt hast, konnte oder wollte oft niemand hören oder nur wenige … … So kam es, dass du, um doch noch Zuwendung zu bekommen, deine Gefühle schon früher als Kind oft unterdrückt hast … … so oft und so lange bis du sie selbst nicht mehr wirklich spüren konntest, bis es immer häufiger ein unklares Gefühl in dir gab, dass etwas nicht stimmt … … Und wenn wir zu oft gezwungen sind, unsere Gefühle zu verleugnen oder sie niemandem mitteilen können, dann passiert es, dass wir von unseren Gefühlen auch nicht mehr lernen können, denn wir wissen nicht, was eigentlich noch unsere Empfindung war oder ist und welche zu anderen gehört ... ... Gefühle lehren uns, wie wir das Leben in Zukunft gestalten können ... ... Unklare Gefühle lehren uns Unklarheiten und führen dazu, das sich zu vieles in uns staut, das wir nicht mehr richtig verarbeiten können ... ... denn das Leben geht weiter, fließt wie das sprudelnde Wasser, dass du in den Klängen im Hintergrund hörst ... ... Dann plötzlich hast du dich für alles verantwortlich gefühlt und geglaubt, dass du immer und überall Verantwortung tragen musst, ohne zu wissen warum ... ... Deine wahren Gefühle konntest du vor lauter Verantwortung nicht mehr sehen ... ... Doch alle Gefühle sind noch in dir, sogar so wie sie tatsächlich waren ... ... unverstellt und echt ... ... Sie sind als Erinnerung in deinem Körper gespeichert ... ... Es liegen nur andere darüber, die dir auferlegt wurden oder die du selbst angenommen hast, weil du geglaubt hast, deine eigenen Gefühle wären nicht so wichtig ... ... Vielleicht gehörst auch du zu den Menschen, die das schon als Kind so gemacht haben ... ... Du schwebst durch deine Fantasie und wirst von der Farbe Grau umgeben, die dir zeigt, dass das Durcheinander und Übereinander der vielen unklaren Gefühle, die nicht deine waren, dich so oft wach hält ... ... Dann tauchst du ein in die Farbe Weiß, die als Gegenspieler des Grau in dir ist und die Aufgabe übernehmen kann, das Grau aufzulösen und für Klarheit zu sorgen ... ... Im Land der Träume ist Weiß die Farbe der Reinigung und Klarheit und damit der Hoffnung auf eine neue innere Ordnung deiner Gefühle, die dich wieder einschlafen lässt ... ... Dann tauchst du ein in das Hellblau, das für dich im Land der Träume die Farbe des liebevollen Annehmens deiner eigenen Lebensgeschichte und des Verzichtes auf Veränderung des Geschehenen sein soll... ... Was vorüber ist, kannst und darfst und sollst du betrauern ... ... mit allen Tränen und mit dem Wehklagen, das dafür notwendig sein mag, doch eine Wiedergutmachung kann es dafür nicht geben, außer der Wiedergutmachung deiner inneren Gefühlsordnung und dafür gibt es das Land der Träume ... ... Dann wirst du umgeben von der Farbe Goldgelb, die als Farbe des Erkennens, Verstehens und Lernens im Land der Träume vorkommt ... ... und du wirst alles erkennen, verstehen und lernen, das dir beim ruhigen Einschlafen helfen wird ... ... Dann kommt die Farbe Silber als Farbe der

Wahrheit ... ... Sie sagt dir, dass Befreiung von der Schlaflosigkeit möglich ist ... ... und die wertvollste Farbe ist dann das Gold, das die Lebenskraft in dir symbolisiert und aktiviert ... ... Die Kraft der Schöpfung, die in dir liegt, denn die Schöpfung wurde vom Schöpfer begonnen und wird von den Lebewesen der Erde vollzogen und zu Ende gebracht ... ... also auch von dir und in dir ... ... Gold erinnert dich daran, dass auch du von der Schöpfung und der Natur getragen bist ... ... im Land der Träume und in deinem wachen Alltag ... ... Dann tauchst du ein in die Farbe Rot, die Farbe der Liebe und Selbstliebe, die dir erlaubt, dich selbst gut zu finden und anzunehmen, mehr noch, dich selbst zu lieben ... ... vielleicht heute schon oder morgen oder an jedem Tag deines Lebens ein kleines Stück ... ...

*Emotionale Verankerung und Motivation.* Das Land der Träume gehört dir ... ... Es steht dir immer offen, denn im Land der Träume fühlst du, was du wirklich fühlt ... ... denkst du, was du wirklich denkst ... ... erkennst du, wer du wirklich bist ... ... Du stellst dich darauf ein, das Land der Träume zu erkunden und darin diese besondere Geschichte zu erkennen, von der du heute gehört hast ... ... Diese Geschichte ist auch deine Geschichte ... ... die Geschichte deiner Schlaflosigkeit ... ... Im Land der Träume wird sie dann auch zu dem Weg deiner Befreiung und zu deiner inneren Heilung ... ... Du machst dir klar, dass das Land der Träume ganz tief in dir drin ist ... ... Dort war es schon immer ... ... Ich erzähle dir nur davon ... ...

*[Deine Gefühle fließen wie sanfter Wind durch deinen Körper. Spüre, wie du mit jedem weiteren Atemzug vom Gefühl zurück zu deinen Gedanken kommst, um wieder hier zu sein. Zurück von deiner Reise machst du dir klar, dass du dich hier im Raum befindest, auf der Unterlage, auf der dein Körper sitzt/liegt. Du bist wieder hier im Raum. Deine Muskeln spannen sich, stellen Arbeitsbereitschaft her und warten darauf, sich wieder zu bewegen. Sobald du denkst, dass du wach genug bist, öffnest du einfach deine Augen.]*

## Einschlafstörungen
*Zweite Sitzung (Vergangenheitsbewältigung)*

*[Vieles kann uns nachts aufwecken. Das kann ganz verschiedene Ursachen haben, häufig sogar ganz banale wie eine ungünstige Raumtemperatur, Geräusche von außen oder weil wir vor dem Schlafengehen noch etwas gegessen haben. Dein Problem besteht darin, dass du gar nicht erst einschläfst. Oder eben nur nach sehr langem warten. Dann liegst du wach und denkst nach, kommst ins Grübeln. Das führt dann dazu, dass du noch schlechter einschläfst, innerlich gar nicht mehr zur Ruhe kommst, sondern immer unruhiger wirst. Am Tage fehlt dir dann der Schlaf und du bist schneller müde. So wird der fehlende Schlaf schnell zum Teufelskreis. Genau das hast du erlebt. Doch du willst endlich wieder schlafen. Du kennst typische Gedanken, die dich wach halten oder die dann aufkommen, wenn du eben nicht einschlafen kannst. Du kennst die Sorgen deines Lebens und vielleicht denkst du oft, dass sie so groß sind, dass du mit ihnen sowieso nicht einschlafen könntest. Doch das stimmt so nicht. Du kannst schlafen, denn schlafen ist ein ganz natürlicher Vorgang, mit dem dein Organismus sich erholt. Und das kannst du ja wirklich gut gebrauchen. Es ist Zeit, wieder gut einzuschlafen.]*

*Ankommen im Land der Träume.* Heute kannst du eine besondere Reise unternehmen ... ... eine Reise, die dich tief in deine eigene Kreativität und Fantasie führt ... ... Das Ziel dieser Reise bist du selbst ... ... was auch immer du also erleben kannst und erleben wirst, führt dich am Ende immer nur zu dir selbst ... ... Dein Körper zeigt dir den Weg dorthin ... ... Folge einfach dem Rhythmus deines Atems und spüre, wie er mit jedem Zug deinen Körper verlässt ... ... Stell dir vor, dass du mit dem Wind deines Atems deinen Körper verlassen könntest, um diese Reise anzutreten ... ... Diese Reise, die dich weg führt von der Begrenztheit des Raumes und der Zeit ... ... Du verlässt deinen Körper jetzt und gehst in das Land der Träume ... ...

*Distanzierung vom Bewussten.* Es ist Abend im Land der Träume und du willst schlafen ... ... Der Himmel über dir ist dunkelgrau und es wird langsam dunkler ... ... Du kannst erkennen, dass du auf einer alten Straße stehst … … Laternen stehen am Straßenrand und erhellen deinen Weg … … Du gehst auf der nächtlichen Straße und lässt dich von dem Licht der Laternen führen … … und mit jedem Schritt wirst du müder und müder … … mit jeder Laterne, an der du vorbei gehst, wirst du müder und willst schlafen … … Du sehnst dich nach einem bequemen Liegeplatz und nach einem erholsamen Schlaf … … das brauchst du jetzt am meisten … … Schlaf … … erholsamen Schlaf … …

*Bewusstseinsreinigung.* Du schaust nach oben in den Himmel und siehst eine dichte Wolkendecke, die den Himmel grau färbt … … Dann öffnet sich ein Spalt in den Wolken … … und aus dem Spalt strahlt ein heller und wunderschöner weißer Lichtstrahl zur Erde … … Ein Kegel aus weißem Licht, der sich langsam ausdehnt … … Du gehst auf den weißen Lichtkegel zu … … Du stehst vor dem Lichtkegel und streckst deine Hände in das weiße Licht, das über deine Arme in deinen ganzen Körper fließt … … Dann gehst du mit einem großen Schritt in den Lichtkegel und lässt das weiße Licht ganz und gar durch deinen Körper fließen … … Dein Körper leuchtet weiß … … Deine Gedanken zerfließen im weißen Licht, lösen sich einfach auf und du fühlst dich frei … … Mit einem kräftigen Schritt gehst du aus dem Lichtkegel heraus … …

*Konfrontation und Klärung.* Du stehst vor einem großen alten Haus … … eine schöne Villa, die du hier im Land der Träume findest … … Ein paar Stufen führen dich zur Tür, eine schwere dunkle Holztür, die sich von selbst öffnet … … Du kommst in einer Eingangshalle an und siehst eine breite Treppe, die nach oben führt … … Du gehst die Treppe hoch und kommst zu einer Tür … … Du öffnest die Tür und gehst in den Raum … … es ist ein Schlafzimmer, das genau so aussieht wie dein eigenes Schlafzimmer, nur findest du es hier in einer alten prunkvollen Villa … … Doch das Schlafzimmer sieht genau so aus wie dein Schlafzimmer und das ist es auch … … Es ist das Bild deines Schlafzimmers in der Welt deiner Gefühle … … Du bist müde und hier im Land der Träume fühlst du die Müdigkeit noch viel deutlicher … … Also legst du dich in dein Bett und versuchst zu schlafen … … Du schließt die Augen und willst einschlafen … … Dann öffnest du die Augen und um dich herum ist dichter Nebel … … und im Nebel kannst du Personen erkennen, die um dein Bett herum stehen … … Menschen, die zu deiner Familie gehören … … Menschen, die zu deiner Arbeit gehören … … Menschen, die in deinem Leben eine Rolle spielen … … und jeder von ihnen trägt ein Bild mit sich … … Eine Person aus deiner Familie kommt näher und zeigt dir das Bild, das sie trägt … … Das Bild zeigt dir, was dich in deiner Familie so beschäftigt … … vielleicht zeigt das Bild eine Situation oder eine Szene aus deiner Vergangenheit … … oder aus deiner Gegenwart, weil du ganz aktuell Schwierigkeiten in oder mit deiner Familie hast … … Du schaust dir das Bild an … … und möglicherweise ist es auch ein überraschendes Bild … … eines, mit dem du nicht gerechnet hast … … vielleicht zeigt es dir sogar etwas, das du nicht mit dem Problem des Einschlafens verbinden würdest … … Sieh dir das Bild an, es ist wichtig, dass du es aufnimmst und annimmst … … denn tief in dir geschieht etwas Besonderes … … Du lernst tief in dir von genau diesem Bild, was auch immer es zeigen mag, wie das geht, einzuschlafen … … einschlafen und alle Probleme für die Zeit des Schlafens loszulassen … … denn deine Gedanken kommen im Schlaf zur Ruhe und deine Gefühle haben viel Raum um da zu sein … … mehr ist nicht erforderlich … … Zeit und Raum für deine Gefühle ist genug … … das Annehmen deiner Gefühle, das Zulassen deiner Gefühle … … Doch vielleicht hast du auch Angst vor deinen Gefühlen, das ist nicht schlimm, denn gerade im Schlaf können sie sich in aller Ruhe entfalten ohne deinem Verstand Angst zu machen … … Die Person mit dem Bild geht wieder in den Nebel zurück … … Dann kommt ein anderer Mensch zu dir ans Bett … … vielleicht jemand aus deinem beruflichen Umfeld oder ein Freund … … ein Gegner vielleicht oder sogar ein Feind … … ganz von alleine zeigt sich ein Mensch im Nebel, der jetzt auf dich zu geht … … möglicherweise auch jemand aus deiner Vergangenheit … … oder jemand, der schon gar nicht mehr lebt … … Die Person, die du jetzt wahrnehmen kannst oder an die du plötzlich denkst, kommt zu dir und zeigt dir ein Bild … … Das Bild zeigt dir, was dich am meisten beschäftigt … … was auch immer es ist … … Was auch immer dieses Bild dir zeigen mag, es ist das, was dich am meisten wach hält … … Es kann sein, dass dir das sofort einleuchtet oder du sogar mit diesem Bild oder diesem Thema gerechnet hast … … Es kann aber auch sein, dass du nicht wusstest, dass das, was du auf diesem Bild siehst, tatsächlich eine Verbindung zum Schlafen hat … …

Doch du brauchst nicht darüber nachzudenken, du musst es nicht analysieren oder verstehen … … Gerade das würde dich weiter wach halten … … Nimm das Bild nur an … … Lass es da sein ohne es zu bewerten … … Heute lernst du tief in dir, genau die Bilder, die du hier siehst, zum Einschlafen zu benutzen … … denn du verstehst hier im Land der Träume, dass gerade der Schlaf dein Freund und Verbündeter ist … … Im Schlaf ruht der Verstand und die Gefühle sind aktiv … … Die Gefühle können sich ausbreiten und dir helfen zu lernen und zu wachsen … … doch nur dann, wenn der Verstand ruht … … also hilft der Schlaf dir vor allem dann, wenn du große Schwierigkeiten hast … … Du hast in der Vergangenheit gelernt, wach zu sein, um Lösungen zu finden, um handeln zu können … … vielleicht gab es auch eine Zeit, in der du wach sein musstest um dich schützen zu können … … Doch heute ist es anders … … Heute hilft dir der Schlaf alles Vergangene zu sortieren und loszulassen … … weil du alles bereits gelernt hast, was du lernen konntest … … Dann schließt du die Augen und fängst an zu träumen … … Du träumst, dass du federleicht bist und mit nackten Füßen auf einem goldgelben Sandboden gehst … …

*Schritt in die Gegenwart.* Vor dir erscheint ein goldener Vorhang … … Du gehst darauf zu … … Der goldene Vorhang zeigt sich immer dann, wenn die Zeit gekommen ist, in die Gegenwart des Augenblicks zu gehen … … in die Zeit, die die einzige ist, in der wir wirklich leben können … … Doch häufig verharren wir in der Vergangenheit ohne es zu bemerken oder zu wollen … … Nun ist die Zeit gekommen, denn der goldene Vorhang zeigt sich … … und öffnet sich wie von selbst … … Goldenes Licht strahlt dir entgegen … … Voller Vertrauen und Zuversicht gehst du durch den geöffneten Vorhang … … mit einem großen Schritt kommst du im Augenblick der Gegenwart an … …

*Kreative Neuausrichtung.* Du kommst zu einem Wasserfall und dein Blick verliert sich in dem silbern glänzenden Wasser, das unaufhörlich fließt … … Alle Gedanken, die dich wach halten konnten, fließen mit dem Wasser von dir ab und du wirst innerlich frei und leicht … … Du stellst dich unter das Wasser, das wie eine frische Dusche dafür sorgt, dass du dich von Augenblick zu Augenblick sauberer und frischer fühlst … …

Du spürst, dass du alles loslässt, was dich belastet ... ... dass du damit Kraft und Stärke gewinnst für alle Herausforderungen deines Lebens ... ... Du träumst noch immer und in diesem Traum erlebst du Reinigung und Erneuerung unter dem Wasserfall ... ...

*Selbstversöhnung.* Du schließt die Augen und als du sie wieder öffnest, liegst du wieder in deinem Bett, doch der Nebel hat sich aufgelöst ... ... und neben deinem Bett steht ein Kind, das so aussieht wie du als Kind ausgesehen hast ... ... Es hat einen Schlafanzug an, auf dem dein Name steht ... ... Es ist dein inneres Kind, das sich zu dir legt, um sich nun endlich auch auszuruhen ... ... Dieses Kind, das im Land der Träume auf dich gewartet hat, das du selbst auch bist, freut sich und träumt mit dir gemeinsam von den glücklichen Kindern ... ...

*Achtsamkeit und Selbsttreue.* Dann schließt du die Augen und spürst ganz tief in dich hinein ... ... Und tief in dir kommt alles in Ordnung ... ... Alles darf sein ... ... Jedes Gefühl ist erlaubt und jedes Gefühl ist wichtig ... ... Jeder Gedanke und jede Emotion findet den richtigen Platz in dir ... ... und jeder Gedanke und jedes Gefühl steht dir zur Verfügung ... ... lässt dich lernen und wachsen ... ... Du fühlst die tiefe Verbundenheit zu dir selbst ... ... Du hörst die Stimmen der glücklichen Kinder im Wind ... ... die Melodie der Befreiung und des Friedens ... ... Dann klingt dein eigenes Lachen durch das Land der Träume und geht in den Stimmen der glücklichen Kinder auf ... ... Dann machst du dir noch einmal klar, dass das Land der Träume ganz tief in dir drin ist ... ... Dort war es schon immer ... ... ich erzähle dir nur davon ... ...

*[Deine Gefühle fließen wie sanfter Wind durch deinen Körper. Spüre, wie du mit jedem weiteren Atemzug vom Gefühl zurück zu deinen Gedanken kommst, um wieder hier zu sein. Zurück von deiner Reise machst du dir klar, dass du dich hier im Raum befindest, auf der Unterlage, auf der dein Körper sitzt/liegt. Du bist wieder hier im Raum. Deine Muskeln spannen sich, stellen Arbeitsbereitschaft her und warten darauf, sich wieder zu bewegen. Sobald du denkst, dass du wach genug bist, öffnest du einfach deine Augen.]*

# Einschlafstörungen
*Dritte Sitzung (Loslassen der Schuldgefühle)*

*[Für vieles in deinem Leben fühlst du dich verantwortlich. Natürlich gibt es auch Verantwortlichkeiten, die du wahrnimmst und die zu deinen Aufgaben gehören. Doch wenn du genau darüber nachdenkst, ist es doch auch oft so, dass du dich nicht nur verantwortlich fühlst, sondern schuldig. Das ist dann kein sehr hilfreiches Gefühl, denn es ist meistens eben nicht dein eigenes Gefühl. Es ist eines, das du gelernt hast, das dir auferlegt wurde. Du hast im Lauf deines Lebens gelernt, ganz oft die volle Verantwortung zu tragen und immer dann ein schlechtes Gewissen zu entwickeln, wenn du sie nicht perfekt tragen kannst. Oder wenn du einen Fehler machst. Und oftmals hast du dann gar nicht bemerkt, dass du auch dann ein schlechtes Gewissen hast, wenn du gar nicht verantwortlich warst oder bist. Weil es für dich längst Routine ist, dass du es immer richten müsstest, dass du irgendwie immer verantwortlich oder zumindest mitverantwortlich wärest. Das hast du dir nicht selbst ausgedacht. Du hast einfach zu oft und immer wieder erlebt, dass niemand da war, der die Verantwortung tragen wollte. Dann hast du sie übernommen, wahrscheinlich schon als Kind. Für Ereignisse und Zusammenhänge, die du nicht verursacht hattest, für die du auch nicht verantwortlich warst. Du selbst hättest oft Hilfe gebraucht, hättest jemanden gebraucht, der die Verantwortung für dich übernommen hätte, für deine Gesundheit oder für deine Unversehrtheit, dafür dass du deine Gefühle hättest erzählen können. Das schlechte Gewissen ist nicht dein eigenes Gefühl. Du hast es mit der Verantwortung übernommen. Es ist Zeit, dieses schlechte Gewissen und diese Schuldgefühle, die dich wach halten, jetzt zurück zu geben. Denn genau genommen halten nur diese beiden Gefühle dich nachts wach: Schuld und schlechtes Gewissen. Du kannst sie heute zurückgeben!]*

*Ankommen im Land der Träume.* Heute kannst du eine besondere Reise unternehmen … … eine Reise, die dich tief in deine eigene Kreativität und Fantasie führt … … Das Ziel dieser Reise bist du selbst … … was auch immer du also erleben kannst und erleben wirst, führt dich am Ende immer nur zu dir selbst … … Dein Körper zeigt dir den Weg dorthin … … Folge einfach dem Rhythmus deines Atems und spüre, wie er mit jedem Zug deinen Körper verlässt … … Stell dir vor, dass du mit dem Wind deines Atems deinen Körper verlassen könntest, um diese Reise anzutreten … … Diese Reise, die dich weg führt von der Begrenztheit des Raumes und der Zeit … … Du verlässt deinen Körper jetzt und gehst in das Land der Träume … …

*Distanzierung vom Bewussten.* Du schaust dich im Land der Träume um und genießt den Ausblick … … Du stehst mitten in der Natur und alles um dich herum blüht in kräftigen Farben … … Du siehst reife Kornfelder … … Der Wind weht durch die Felder und Bäume … … und alles ist friedlich und still … … so kannst du den Blick in die Natur genießen … … den Anblick der Wiesen und Wälder … … der blühenden Bäume … … der Vögel im Wind, die sich mit ausgebreiteten Flügeln einfach treiben lassen … … mit den Wolken weiter ziehen … … Alles geht harmonisch ineinander über … … Diese Ruhe und Selbstverständlichkeit der Natur lädt zum Träumen ein … … zum Stehenbleiben und Ausruhen … … Am liebsten würdest du jetzt sofort schlafen … … einfach einschlafen und dann wunderschön träumen … …

*Bewusstseinsreinigung.* Du schaust nach oben in den Himmel und siehst eine dichte Wolkendecke, die den Himmel grau färbt … … Dann öffnet sich ein Spalt in den Wolken … … und aus dem Spalt strahlt ein heller und wunderschöner weißer Lichtstrahl zur Erde … … Ein Kegel aus weißem Licht, der sich langsam ausdehnt … … Du gehst auf den weißen Lichtkegel zu … … Du stehst vor dem Lichtkegel und streckst deine Hände in das weiße Licht, das über deine Arme in deinen ganzen Körper fließt … … Dann gehst du mit einem großen Schritt in den Lichtkegel und lässt das weiße Licht ganz und gar durch deinen Körper fließen … … Dein Körper leuchtet weiß … … Deine Gedanken zerfließen im weißen Licht, lösen sich einfach auf und du fühlst dich frei … … Mit einem kräftigen Schritt gehst du aus dem Lichtkegel heraus … …

*Konfrontation und Klärung.* Du gehst weiter, um deine innere Befreiung zu finden, die Befreiung vom schlechten Gewissen, um dann wieder besser schlafen zu können und einen schönen Traum zu finden … … Du bist unterwegs zu deiner Villa im Land der Träume, um dich in deinem Schlafzimmer hinzulegen und endlich so richtig erholsam zu schlafen … … um ganz leicht und ganz selbstverständlich einzuschlafen … … Du verlässt die Straße, auf der du gehst und nimmst eine Abkürzung, die über eine Wiese führt … … Du kannst das alte Haus schon sehen und freust dich darauf, einzuschlafen … … Dein Weg führt an einem Brunnen vorbei … … Du bleibst stehen und erkennst einen runden, steinernen Brunnen … … und an dem Brunnen hängt ein goldenes Schild mit der Aufschrift „Brunnen der Träume" … … Du gehst ganz nah heran und schaust in den Brunnen … … Das Wasser des Brunnens ist hellblau … … Dann bemerkst du in deiner linken Hand ein kleines Sandkorn oder eine kleine Perle … … Du schaust in deine geöffnete Hand und siehst dieses kleine graue Körnchen … … Dann hörst du im Wind eine Kinderstimme, die dir zuruft „Lass deine Schuldgefühle jetzt los" … … und plötzlich fällt dir alles ein, wofür du dich verantwortlich fühlst … … ganz viele Gedanken gehen durch deinen Kopf … … Du denkst an so viele Dinge, Ereignisse und Zusammenhänge, für die du dich verantwortlich fühlst … … Es fällt dir das schlechte Gewissen ein, das du schon so oft hattest, all die Schuldgefühle kommen dir in den Sinn … … und dabei wird das graue Körnchen langsam größer … … Du kannst zusehen, wie es in deiner Hand größer wird … … Langsam entsteht eine kleine Kugel in deiner Hand, die immer größer wird, denn im Land der Träume wird aus jedem Gedanken und aus jedem Gefühl ein Gegenstand, den du anfassen und betrachten kannst … … und dein schlechtes Gewissen und deine Schuldgefühle werden in deiner Hand zur grauen Kugel, die immer größer und immer schwerer wird … … Du hältst die graue Kugel deines schlechten Gewissens schließlich mit beiden Händen fest … … dabei wird dir klar, dass du das schon lange machst, ohne es tatsächlich zu bemerken … … Doch es ist nun an der Zeit, das schlechte Gewissen loszulassen … … Im Land der Träume gelingt es dir heute schon und vielleicht auch in deinem wachen Alltag … … Oder es gelingt dir morgen schon … … Dann nimmst du die graue Kugel und lässt sie in das hellblaue Wasser fallen … … Und während sie nach unten sinkt, kannst du schon erkennen, dass sie zerfällt wie ein Stück Zucker im Tee … … Die graue Kugel löst sich im Brunnen der Träume auf … … Dann entdeckst du einen Eimer und füllst ihn mit dem hellblauen Wasser des

Brunnens und nimmst ihn mit ... ... Du trägst den Eimer zu dem alten Haus ... ...

*Schritt in die Gegenwart.* Vor dir erscheint ein goldener Vorhang ... ... Du gehst darauf zu ... ... Der goldene Vorhang zeigt sich immer dann, wenn die Zeit gekommen ist, in die Gegenwart des Augenblicks zu gehen ... ... in die Zeit, die die einzige ist, in der wir wirklich leben können ... ... Doch häufig verharren wir in der Vergangenheit ohne es zu bemerken oder zu wollen ... ... Nun ist die Zeit gekommen, denn der goldene Vorhang zeigt sich ... ... und öffnet sich wie von selbst ... ... Goldenes Licht strahlt dir entgegen ... ... Voller Vertrauen und Zuversicht gehst du durch den geöffneten Vorhang ... ... mit einem großen Schritt kommst du im Augenblick der Gegenwart an ... ...

*Kreative Neuausrichtung.* Du stehst direkt vor dem alten Haus, im Augenblick der Gegenwart ... ... Die Tür öffnet sich und du gehst den Weg zum Schlafzimmer ... ... Du willst schlafen ... ... Du stellst den Eimer ans Bett und bevor du dich hinlegst, wäschst du deine Hände und dein Gesicht mit dem Wasser des Brunnens ... ... Es fühlt sich an als könnte das Wasser des Brunnens der Träume jeden letzten Rest des schlechten Gewissens und alle Schuldgedanken, die noch da sein könnten, einfach abwaschen ... ... Dann legst du dich hin und schläfst sofort ein ... ... Du träumst einen schönen Traum von Ruhe und Frieden ... ... von Freiheit und Gemütlichkeit ... ... Der Brunnen der Träume schenkt dir diesen Traum ... ... Du schläfst tief und fest ... ...

*Selbstversöhnung.* Und im Traum triffst du dich selbst als Kind ... ... als dein inneres Kind stehst du neben dir und das Kind erklärt dir, dass es so viele unerfüllte Wünsche und Sehnsüchte hat ... ... dass es so lange darauf gewartet hat, dass alle Sehnsüchte und Wünsche doch noch erfüllt werden ... ... Doch es hat nun verstanden, dass nichts wirklich nachgeholt werden kann ... ... Das Kind erklärt dir, dass es jetzt so schnell wie möglich zu der Gruppe der glücklichen Kinder laufen muss, um endlich frei zu sein ... ... um zu wachsen und große zu werden, so wie du groß und erwachsen geworden bist ... ...

*Achtsamkeit und Selbsttreue.* Dann schließt du die Augen und spürst ganz tief in dich hinein … … Und tief in dir kommt alles in Ordnung … … Alles darf sein … … Jedes Gefühl ist erlaubt und jedes Gefühl ist wichtig … … Jeder Gedanke und jede Emotion findet den richtigen Platz in dir … … und jeder Gedanke und jedes Gefühl steht dir zur Verfügung … … lässt dich lernen und wachsen … … Du fühlst die tiefe Verbundenheit zu dir selbst … … Du hörst die Stimmen der glücklichen Kinder im Wind … … die Melodie der Befreiung und des Friedens … … Dann klingt dein eigenes Lachen durch das Land der Träume und geht in den Stimmen der glücklichen Kinder auf … … Dann machst du dir noch einmal klar, dass das Land der Träume ganz tief in dir drin ist … … Dort war es schon immer … … ich erzähle dir nur davon … …

*[Deine Gefühle fließen wie sanfter Wind durch deinen Körper. Spüre, wie du mit jedem weiteren Atemzug vom Gefühl zurück zu deinen Gedanken kommst, um wieder hier zu sein. Zurück von deiner Reise machst du dir klar, dass du dich hier im Raum befindest, auf der Unterlage, auf der dein Körper sitzt/liegt. Du bist wieder hier im Raum. Deine Muskeln spannen sich, stellen Arbeitsbereitschaft her und warten darauf, sich wieder zu bewegen. Sobald du denkst, dass du wach genug bist, öffnest du einfach deine Augen.]*

## Einschlafstörungen
*Vierte Sitzung (Verzicht auf Wiedergutmachung)*

*[Du weißt, dass du einst gelernt hattest, sehr viel Verantwortung zu tragen, auch für Dinge, für die du nicht wirklich zuständig oder verantwortlich warst. Du hattest es so übernommen, weil du keine andere Erfahrung machen konntest oder eben zu selten etwas anderes erlebt hast. Damit hast du Schluss gemacht. Du hast aufgeräumt. Du hast verstanden, dass du einst deine wahren Gefühle verbergen musstest, dass sie dir nicht erlaubt waren. Du hattest keine andere Möglichkeit, als die Sichtweise der Menschen zu übernehmen, die viel mächtiger waren, die gefährlich und geradezu übermächtig waren. Doch im Land der Träume hast du das ändern können. Du hast deine wahren Gefühle tief in dir gefunden und zugelassen. So kannst du tief in deinem Innern von diesen Gefühlen lernen, auch und gerade dann, wenn es unangenehme oder schmerzhafte, leidvolle und hoffnungslose Gefühle waren. Denn kein Gefühl der Welt wird dir schaden können. Alle deine Gefühle helfen dir, stärker zu werden und in Frieden weiter zu leben. Schaden können dir nur Handlungen. Doch kein Ereignis der Welt kann rückgängig gemacht werden. Es ist also eine deiner Herausforderungen, das Vergangene loszulassen, auf Wiedergutmachung zu verzichten, denn sie ist nicht möglich.]*

*Ankommen im Land der Träume.* Heute kannst du eine besondere Reise unternehmen … … eine Reise, die dich tief in deine eigene Kreativität und Fantasie führt … … Das Ziel dieser Reise bist du selbst … … was auch immer du also erleben kannst und erleben wirst, führt dich am Ende immer nur zu dir selbst … … Dein Körper zeigt dir den Weg dorthin … … Folge einfach dem Rhythmus deines Atems und spüre, wie er mit jedem Zug deinen Körper verlässt … … Stell dir vor, dass du mit dem Wind deines Atems deinen Körper verlassen könntest, um diese Reise anzutreten … … Diese Reise, die dich weg führt von der Begrenztheit des Raumes und der Zeit … … Du verlässt deinen Körper jetzt und gehst in das Land der Träume … …

*Distanzierung vom Bewussten.* Das sitzt an einem Bach und schaust dem Wasser zu, das unaufhörlich fließt … … Es springt über die Steine und folgt dem Bachlauf und nichts kann es aufhalten … … Dann denkst du darüber nach, dass deine Gedanken genau so sind wie das Wasser … … Sie kommen und gehen und fließen einfach weiter … … nichts kann Gedanken aufhalten … … nur du selbst kannst es, indem du sie festhältst … … Doch jetzt lässt du deine Gedanken wie das Wasser sein … … Der Klang des dahin fließenden Wassers fordert dich auf, deine Gedanken immer wieder loszulassen und jeden einzelnen Gedanken ins Wasser zu werfen, das alle Gedanken einfach mitnehmen kann und sie fort trägt … … So wird dein Kopf immer freier … … denn alle Gedanken fließen mit dem Wasser davon … … und je mehr du dich auf das Geräusch des plätschernden Wassers konzentrierst und je deutlicher du es werden lässt, umso leichter und freier fühlst du dich … …

*Bewusstseinsreinigung.* Du schaust nach oben in den Himmel und siehst eine dichte Wolkendecke, die den Himmel grau färbt … … Dann öffnet sich ein Spalt in den Wolken … … und aus dem Spalt strahlt ein heller und wunderschöner weißer Lichtstrahl zur Erde … … Ein Kegel aus weißem Licht, der sich langsam ausdehnt … … Du gehst auf den weißen Lichtkegel zu … … Du stehst vor dem Lichtkegel und streckst deine Hände in das weiße Licht, das über deine Arme in deinen ganzen Körper fließt … … Dann gehst du mit einem großen Schritt in den Lichtkegel und lässt das weiße Licht ganz und gar durch deinen Körper fließen … … Dein Körper leuchtet weiß … … Deine Gedanken zerfließen im weißen Licht, lösen sich einfach auf und du fühlst dich frei … … Mit einem kräftigen Schritt gehst du aus dem Lichtkegel heraus … …

*Konfrontation und Klärung.* Du kommst zu einem Ballon, der zum Start einer Rundfahrt bereit steht … … Er ist mit heißer Luft gefüllt und wartet darauf, dass du einsteigst, um mit dir hoch in die Luft zu steigen und über dem Land der Träume zu schweben … … Ein dickes Seil hält den Ballon fest … … Du steigst in den Korb des Ballons … … Du bist der einzige Fahrgast … … In diesem Moment löst sich das Halteseil und der Ballon beginnt langsam zu steigen … … Du freust dich auf die Ballonfahrt und denkst darüber nach, dass du vieles von dem, was dich so oft wach gehalten hat, innerlich erledigt hast … … denn du hast verstanden, dass es Gefühle waren, die dich wach gehalten haben … … vor allem Verantwortung und mehr noch Schuldgefühle, die aber nicht wirklich zu dir gehören … … Es waren nicht wirklich deine Gefühle, sondern solche, die du übernommen hattest, weil dein Verstand dir eingeredet hatte, es müsste so sein … … Häufig hängen wir an der Vergangenheit, denken darüber nach, warum alles so gekommen ist wie es nun mal kam in unserem Leben … … Dann wünschen wir uns, manches möge anders gelaufen sein, stellen uns vor wie es wohl sein könnte, wenn wir einige Dinge anders erlebt oder getan hätten … … doch damit sind wir dann wieder in der Vergangenheit und halten daran fest … … Doch nur in der Gegenwart können wir wirklich leben … … Vergangenes können wir betrauern, wenn es schmerzhaft war, doch ändern können wir nichts mehr … … Es ist schon geschehen … … Du weißt das, daher kannst du auch loslassen … … deine eigene Vergangenheit als deine Geschichte annehmen … … eine andere hast du nicht … … Du schaust von hier oben auf das Land der Träume und dein Blick geht unendlich weit … … doch du willst noch höher steigen um dich noch freier zu fühlen … … bis über die Wolken soll deine Fahrt gehen … … doch der Ballon steigt nicht mehr höher … … Du schaust in den Korb und findest darin eine hellblaue Kugel, die unglaublich schwer ist … … Die Kugel sieht aus wie eine Glaskugel … … Du nimmst sie in die Hand und schaust in das hellblaue Glas … … Dort siehst du Bilder wie in einem Kaleidoskop … … Du drehst die Kugel vor deinen Augen und siehst verschiedene Bilder … … Sie zeigt dir einen Menschen, von dem du dir einst Hilfe und Beistand gewünscht oder erhofft hattest … … in einer Zeit als du dringend Hilfe gebraucht hättest aber nicht finden konntest … … und diese Person steht hier im Land der Träume stellvertretend für alle Menschen, von denen du dir etwas erhofft hast, was nicht sein durfte oder konnte … … was einfach nicht erfüllt wurde, warum auch immer … … Dann wird dir klar, dass du hier im Land der Träume mit diesem Ballon und auch in deinem wachen Alltag nur dann höher steigen kannst … … nur dann bis über die Wolken gelangen kannst, wenn du diese alten Wünsche loslässt … … Du nimmst also die hellblaue Kugel und wirfst sie in hohem Bogen aus dem Korb … … und gleichzeitig wird der Ballon leichter und steigt nach oben … … immer höher … … bis zu den Wolken … … und über die Wolken hinaus … …

*Schritt in die Gegenwart.* Vor dir erscheint ein goldener Vorhang … … Du gehst darauf zu … … Der goldene Vorhang zeigt sich immer dann, wenn die Zeit gekommen ist, in die Gegenwart des Augenblicks zu gehen … … in die Zeit, die die einzige ist, in der wir wirklich leben können … … Doch häufig verharren wir in der Vergangenheit ohne es zu bemerken oder zu wollen … … Nun ist die Zeit gekommen, denn der goldene Vorhang zeigt sich … … und öffnet sich wie von selbst … … Goldenes Licht strahlt dir entgegen … … Voller Vertrauen und Zuversicht gehst du durch den geöffneten Vorhang … … mit einem großen Schritt kommst du im Augenblick der Gegenwart an … …

*Kreative Neuausrichtung.* Dann entdeckst du einen silbernen Vogel, der neben deinem Ballon fliegt … … Er fliegt voraus und zeigt dir den Weg über den Wolken … … Der Ballon fährt dem Weg des silbernen Vogels hinterher … … und mit jedem Flügelschlag des silbernen Vogels spürst du die innere Freiheit mehr … … fühlst du deutlicher, dass du alle Wünsche nach Wiedergutmachung tatsächlich loslässt … … Das Vergangene übergibst du voll und ganz der Vergangenheit … … stellst dich darauf ein, in deiner Gegenwart zu leben … … nur in deiner Gegenwart … … Dann stellst du dir vor wie schön dass sein wird, jeden Tag ganz leicht und entspannt einzuschlafen … … wieder Ruhe und Entspannung zu finden, wenn du schlafen gehst … … ganz schnell und ganz einfach in schöne Traumbilder abzugleiten und dich zu erholen … …

*Selbstversöhnung.* Auf einer kleinen weißen Wolke entdeckst du dein inneres Kind … … Es sitzt dort wie auf einem weichen Kissen und wartet auf dich … … Du fährst mit deinem Ballon zu dem inneren Kind und es steigt in den Korb um mit dir gemeinsam weiter zu fahren … … Es erzählt dir davon, dass es sehr viel besser schlafen kann als vor einiger Zeit … … dass es ganz leicht und ganz schnell einschlafen kann, weil du so vieles erledigt hast … … weil du das Vergangene losgelassen hast … … und während das Kind dir erzählt, wird es so müde, dass es einschläft … … Und langsam sinkt der Ballon in die Tiefe und landet sanft im Land der Träume … … Du steigst aus dem Ballon und hebst das Kind vorsichtig aus dem Korb, damit es nicht wach wird … … Du legst das Kind sanft auf den weichen Boden und legst dich daneben … …

*Achtsamkeit und Selbsttreue.* Dann schließt du die Augen und spürst ganz tief in dich hinein … … Und tief in dir kommt alles in Ordnung … … Alles darf sein … … Jedes Gefühl ist erlaubt und jedes Gefühl ist wichtig … … Jeder Gedanke und jede Emotion findet den richtigen Platz in dir … … und jeder Gedanke und jedes Gefühl steht dir zur Verfügung … … lässt dich lernen und wachsen … … Du fühlst die tiefe Verbundenheit zu dir selbst … … Du hörst die Stimmen der glücklichen Kinder im Wind … … die Melodie der Befreiung und des Friedens … … Dann klingt dein eigenes Lachen durch das Land der Träume und geht in den Stimmen der glücklichen Kinder auf … … Dann machst du dir noch einmal klar, dass das Land der Träume ganz tief in dir drin ist … … Dort war es schon immer … … Ich erzähle dir nur davon … …

*[Deine Gefühle fließen wie sanfter Wind durch deinen Körper. Spüre, wie du mit jedem weiteren Atemzug vom Gefühl zurück zu deinen Gedanken kommst, um wieder hier zu sein. Zurück von deiner Reise machst du dir klar, dass du dich hier im Raum befindest, auf der Unterlage, auf der dein Körper sitzt/liegt. Du bist wieder hier im Raum. Deine Muskeln spannen sich, stellen Arbeitsbereitschaft her und warten darauf, sich wieder zu bewegen. Sobald du denkst, dass du wach genug bist, öffnest du einfach deine Augen.]*

# Einschlafstörungen
*Fünfte Sitzung (Abschlussritual)*

*[Du weißt, dass es vordergründig sorgenvolle Gedanken sind, die uns wach halten können und dann am erholsamen Schlaf hindern. Du kennst das Land der Träume und hast im Land der Träume erfahren, dass es verdrängte Gefühle und darüber liegende Scheingefühle sind, die uns tatsächlich wach halten. Denn wären unsere Gefühle klar und vor allem bewusst spürbar, dann kämen wir auch in schwierigen Situationen gut in den Schlaf. Unsere Gefühle würden uns dann nämlich helfen können, weil wir von ihnen lernen könnten. Wir könnten lernen, was uns Angst macht und die Angst damit dann schon wieder verlieren. Wir könnten lernen, was uns Schuldgefühle macht und dass das nicht immer unsere eigenen Gefühle sind. Vieles von dem, was wir als unser eigenes Gefühl interpretieren, ist nur das, was wir glauben fühlen zu müssen oder was wir gelernt haben zu fühlen. Es sind Interpretationen unseres Verstandes. Wir glauben gerne, dass angenehme Gefühle uns helfen und unangenehme uns bremsen. Doch das stimmt nicht. Echte Gefühle helfen uns immer. Im Land der Träume hast du bereits dafür gesorgt, deine eigenen Gefühle besser erkennen und annehmen zu können. Du hast sortiert, hast Vergangenes der Vergangenheit übergeben und damit Klarheit und Ordnung in deine Gefühle gebracht, die sich neu sortiert haben. Du hast auch von dem Bedürfnis nach Wiedergutmachung oder Vergeltung losgelassen, da beides nicht wirklich möglich ist. Nun sorgst du weiter dafür, dass jedes Gefühl auf den richtigen Platz kommt und dir damit helfen kann. Dabei kommt es dann vor allem darauf an, dass du dich selbst annehmen und vielleicht sogar lieben kannst.]*

*Ankommen im Land der Träume.* Heute kannst du eine besondere Reise unternehmen … … eine Reise, die dich tief in deine eigene Kreativität und Fantasie führt … … Das Ziel dieser Reise bist du selbst … … was auch immer du also erleben kannst und erleben wirst, führt dich am Ende immer nur zu dir selbst … … Dein Körper zeigt dir den Weg dorthin … … Folge einfach dem Rhythmus deines Atems und spüre, wie er mit jedem Zug deinen Körper verlässt … … Stell dir vor, dass du mit dem Wind deines Atems deinen Körper verlassen könntest, um diese

Reise anzutreten … … Diese Reise, die dich weg führt von der Begrenztheit des Raumes und der Zeit … … Du verlässt deinen Körper jetzt und gehst in das Land der Träume … …

*Distanzierung vom Bewussten.* Du sitzt im Gras und schaust in den hellblauen Himmel … … Eine Schar von Tauben fliegt über dich hinweg … … und jede Taube trägt einen Brief im Schnabel … … Sie fliegen in das tiefe Tal der Stille … … dort werden alle Gefühle hingebracht, die im Land der Träume bewusst werden … … alle Gefühle, die im Land der Träume formuliert werden … … Im Tal der Stille wird jeder Brief an den richtigen Platz gebracht, denn für jedes einzelne Gefühl gibt es dort einen Platz … … einen Platz, an dem das Gefühl da sein darf und gespürt werden kann … … Im Tal der Stille ist alles ruhig, denn Gedanken des Verstandes können dort nicht hin gelangen … … in aller Ruhe kommt dort jedes Gefühl zur Geltung und wartet darauf entdeckt zu werden … … Du schaust den Brieftauben zu und stellst dir vor, wie es sein wird, wenn sie deine echten Gefühle jeden Tag in das Tal der Stille bringen, damit sie dort sein dürfen … … so wie sie sind … … genau so wie sie sind … …

*Bewusstseinsreinigung.* Du schaust nach oben in den Himmel und siehst eine dichte Wolkendecke, die den Himmel grau färbt … … Dann öffnet sich ein Spalt in den Wolken … … und aus dem Spalt strahlt ein heller und wunderschöner weißer Lichtstrahl zur Erde … … Ein Kegel aus weißem Licht, der sich langsam ausdehnt … … Du gehst auf den weißen Lichtkegel zu … … Du stehst vor dem Lichtkegel und streckst deine Hände in das weiße Licht, das über deine Arme in deinen ganzen Körper fließt … … Dann gehst du mit einem großen Schritt in den Lichtkegel und lässt das weiße Licht ganz und gar durch deinen Körper fließen … … Dein Körper leuchtet weiß … … Deine Gedanken zerfließen im weißen Licht, lösen sich einfach auf und du fühlst dich frei … … Mit einem kräftigen Schritt gehst du aus dem Lichtkegel heraus … …

*Konfrontation und Klärung.* Du stehst auf einem neuen Weg im Land der Träume … … Er sieht aus als wäre er gerade erst angelegt worden … … Du kannst diesen Weg heute zum ersten Mal gehen … … Also gehst du los … … Der Weg führt dich durch ein Feld mit roten Rosen … … Das Feld mit diesen schönen roten Blumen ist so groß, dass du nicht bis ans Ende blicken kannst … … soweit dein Auge reicht, siehst du nur noch rote Rosen … … die Blumen der Liebe, die im Land der Träume immer nur Blumen deiner Selbstliebe sein können … … Blumen der Liebe von dir für dich … … Liebe von dir für dich … … Dann kommst du zu einem Briefkasten, der am Rand des Weges steht … … Auf dem Briefkasten liegt ein Bogen Briefpapier und ein Stift … … Dann fällt dir ein Ereignis der letzten Wochen ein, das dich wütend gemacht hat … … etwas, was dich so richtig zornig gemacht hat … … Du schreibst dieses Ereignis auf den Briefbogen … … vielleicht als Wort oder als Satz, wie eine Über-schrift … … Du überlegst dir, dass diese Wut, die du gespürt hattest und vielleicht jetzt noch fühlst, ein wichtiges Gefühl ist, denn auch von dei-ner Wut kannst du lernen … … Dann faltest du das Papier und ver-packst es in einem Umschlag, der auf dem Briefkasten liegt, und wirfst den Brief ein … … Dann gehst du weiter … … Du kommst zu einem weiteren Briefkasten … … Dann fällt dir ein Ereignis der letzten Wochen ein, das dich traurig gemacht hat … … etwas, was dich so richtig traurig gemacht hat … … Du schreibst dieses Ereignis auf den Briefbogen … … vielleicht als Wort oder als Satz, wie eine Überschrift … … Du überlegst dir, dass diese Traurigkeit, die du gespürt hattest und vielleicht jetzt noch fühlst, ein wichtiges Gefühl ist, denn auch von deiner Trauer kannst du lernen … … Dann faltest du das Papier und verpackst es in einem Umschlag, der auf dem Briefkasten liegt, und wirfst den Brief ein … … Dann gehst du weiter … … Du kommst zu einem dritten Briefkas-ten … … Dann fällt dir ein Ereignis der letzten Wochen ein, das dich verletzt hat … … etwas, was dich tief verletzt hat … … Du schreibst dieses Ereignis auf den Briefbogen … … vielleicht als Wort oder als Satz, wie eine Überschrift … … Du überlegst dir, dass die Verletzung oder Demütigung, die du gespürt hattest und vielleicht jetzt noch fühlst, ein wichtiges Gefühl ist, denn auch von deiner Verletztheit kannst du lernen … … Dann faltest du das Papier und verpackst es in einem Umschlag, der auf dem Briefkasten liegt, und wirfst den Brief ein … … Dann gehst du weiter … … Du kommst zu einem vierten Briefkasten … … Dann fällt dir ein Ereignis der letzten Wochen ein, das dir Freude bereitet hat … … etwas, was dich so richtig gefreut hat … … Du schreibst dieses

Ereignis auf den Briefbogen … … vielleicht als Wort oder als Satz, wie eine Überschrift … … Du überlegst dir, dass deine Freude, die du gespürt hattest und vielleicht jetzt noch fühlst, ein wichtiges Gefühl ist, denn auch von deiner Freude kannst du lernen … … Dann faltest du das Papier und verpackst es in einem Umschlag, der auf dem Briefkasten liegt, und wirfst den Brief ein … … Dann gehst du weiter … …

*Schritt in die Gegenwart.* Vor dir erscheint ein goldener Vorhang … … Du gehst darauf zu … … Der goldene Vorhang zeigt sich immer dann, wenn die Zeit gekommen ist, in die Gegenwart des Augenblicks zu gehen … … in die Zeit, die die einzige ist, in der wir wirklich leben können … … Doch häufig verharren wir in der Vergangenheit ohne es zu bemerken oder zu wollen … … Nun ist die Zeit gekommen, denn der goldene Vorhang zeigt sich … … und öffnet sich wie von selbst … … Goldenes Licht strahlt dir entgegen … … Voller Vertrauen und Zuversicht gehst du durch den geöffneten Vorhang … … mit einem großen Schritt kommst du im Augenblick der Gegenwart an … …

*Kreative Neuausrichtung.* Du stehst immer noch in dem Feld der roten Rosen … … Der Weg endet mitten im Feld und du gehst ohne Weg weiter … … Du folgst einfach deinem Gefühl und gehst zwischen den Rosen hindurch, die keine Dornen haben … … Die Blütenblätter fühlen sich samtweich an, du kannst sie mit den Händen berühren … … Du gehst ganz nah an die Blüten der Rosen heran und dann hörst du wie sie es dir zuflüstern … … Liebe dich selbst wie du bist … … Liebe dich selbst … … so wie du bist … … Dann spürst du eine tiefe Verbindung in dir … … eine Verbindung zu dir selbst … … und jedes Gefühl von Schuld oder schlechtem Gewissen, das noch da sein könnte, ersetzt du hier und jetzt durch das Gefühl der Selbstliebe … … Liebe von dir für dich … … Liebe von dir für dich … … Du hörst noch einmal wie die Blumen es flüstern … … Liebe dich selbst wie du bist … … Liebe dich selbst … … so wie du bist … …

*Selbstversöhnung.* Dann hörst du Kinderstimmen und schaust dich um … … Die Gruppe der glücklichen Kinder läuft durch das Blumenfeld … … Sie singen und tanzen und spielen und springen … … und ganz vorne läuft dein inneres Kind, dieses Kind, das so aussieht wie du ... ... dieses Kind, das all das genau so erlebt hat wie du ... ... dieses Kind, das du selbst bist ... ... Die Kinder laufen zu dir und tanzen um dich herum ... ... Sie zupfen Blütenblätter der roten Rosen und werfen sie hoch in die Luft ... ... wie ein Regen aus roten Blütenblättern rieseln sie zur Erde ... ... und du stehst mitten drin ... ... Dann laufen die Kinder weiter, dem Horizont entgegen, denn dort beginnt die Zukunft ... ... Das Kind, das so aussieht wie du, verabschiedet sich noch einmal von dir mit einer herzlichen Umarmung ... ... Am Horizont werdet ihr euch wiedersehen, wenn das Kind genau so groß und erwachsen ist wie du ... ... heute schon oder morgen ... ... oder an jedem Tag deines Lebens für einen Augenblick ... ...

*Achtsamkeit und Selbsttreue.* Dann schließt du die Augen und spürst ganz tief in dich hinein ... ... Und tief in dir kommt alles in Ordnung ... ... Alles darf sein ... ... Jedes Gefühl ist erlaubt und jedes Gefühl ist wichtig ... ... Jeder Gedanke und jede Emotion findet den richtigen Platz in dir ... ... und jeder Gedanke und jedes Gefühl steht dir zur Verfügung ... ... lässt dich lernen und wachsen ... ... Du fühlst die tiefe Verbundenheit zu dir selbst ... ... Du hörst die Stimmen der glücklichen Kinder im Wind ... ... die Melodie der Befreiung und des Friedens ... ... Dann klingt dein eigenes Lachen durch das Land der Träume und geht in den Stimmen der glücklichen Kinder auf ... ... Dann machst du dir noch einmal klar, dass das Land der Träume ganz tief in dir drin ist ... ... Dort war es schon immer ... ... ich erzähle dir nur davon ... ...

*[Deine Gefühle fließen wie sanfter Wind durch deinen Körper. Spüre, wie du mit jedem weiteren Atemzug vom Gefühl zurück zu deinen Gedanken kommst, um wieder hier zu sein. Zurück von deiner Reise machst du dir klar, dass du dich hier im Raum befindest, auf der Unterlage, auf der dein Körper sitzt/liegt. Du bist wieder hier im Raum. Deine Muskeln spannen sich, stellen Arbeitsbereitschaft her und warten darauf, sich wieder zu bewegen. Sobald du denkst, dass du wach genug bist, öffnest du einfach deine Augen.]*

# Übergewicht und Essanfälle
*Erste Sitzung (Grundversion)*

*[Du hast Übergewicht. Du weißt, dass du zu viel Essen zu dir nimmst, hast versucht, Diäten zu machen, dann hast du sie nicht durchgehalten. Das hat dann dazu geführt, dass du ein schlechtes Gewissen bekommen hast, du hast dich schuldig gefühlt. Nicht nur, weil du so viel gegessen hattest, sondern weil du es nicht ändern konntest. Dann hast du mit der Zeit verstanden, vielleicht auch von Anfang an, dass es gar nicht um das Essen geht, nicht um mangelnde Disziplin. In Wahrheit sind es Bedürfnisse, die du mit dem Essen befriedigst. Doch es ist nicht das körperliche Hungergefühl, denn das wäre ein wichtiges Bedürfnis, das dich aber nicht dick machen würde. Du würdest nur soviel essen wie dein Körper braucht oder vielleicht ein bisschen mehr. Du machst dich also auf die Suche nach den tatsächlichen Bedürfnissen und nach den Funktionen, die das viele Essen für dich erfüllt. Du kennst das Gefühl, kurze Zeit zufrieden zu sein, wenn du gegessen hast, das Gefühl, dir selbst etwas Gutes getan zu haben. Doch es hält nur sehr kurz an. Schon kurz nach dem Essen bereust du es. Das ist nur möglich, weil das Bedürfnis, das hinter den Essen steht, gar nicht mit Mahlzeiten oder Kalorien aufzufüllen ist. Es geht um etwas anderes. Genau das willst du finden und mehr noch, du willst es ändern. Dein wahres Bedürfnis so ausleben und befriedigen, dass es zu seinem Recht kommt und nicht mehr mit Essen als Ersatz besänftigt wird. Heute ist der erste Tag deiner schlankeren Zukunft.]*

*Ankommen im Land der Träume.* Nachts in unseren Träumen ist alles möglich, was wir uns vorstellen können ... ... es gibt keine Grenzen, wir benötigen keine Logik und keinen Verstand ... ... Unsere Gefühle erschaffen die inneren Bilder und Szenen, die uns helfen können, mehr über uns selbst zu erfahren ... ... mehr von uns selbst zu verstehen ... ... näher bei uns selbst zu sein ... ... Doch die Träume gehören nicht nur der Nacht und zeigen sich nicht nur im Schlaf ... ... Tagträume ermöglichen uns den gleichen Einblick in unser tiefes Inneres ... ... in den Bereich des Unbewussten, das unser Verstand nicht erreichen kann, sondern nur unser Gefühl ... ... Es sind immer unsere Gefühle, die unsere Träume erschaffen ... ... Du findest jeden einzelnen Traum in diesem besonderen Land in dir … … im Land der Träume … … Dein Atem trägt dich dorthin … … Er weht deine Gedanken wie sanften Wind in das Land der Träume … … Jetzt … …

*Der heilsame Weg.* Das Land der Träume ist ein besonderer Ort, ein Ort, an dem du lernen kannst, was dich wirklich dick gemacht hat … … Du kannst hier auch lernen und erkennen, dass es einen Ausweg gibt, einen Weg, der dich immer zu dir selbst bringt und damit wieder schlanker werden lässt … … dein Befreiungsweg im und durch das Land der Träume … … Deswegen bist du hier, um dich von alten Denkweisen und unklaren Gefühlen zu befreien, um zu erkennen, welche Bedürfnisse du da eigentlich mit dem Essen befriedigst … … Das Land der Träume ist das schönste Land, das du je gesehen hast. Wahrscheinlich kann sich jeder Mensch eine traumhafte Landschaft vorstellen, also kannst es auch du … … Vielleicht gibt es in deinem Traumland Berge und Täler, Wiesen und Wälder, Flüsse und Seen, und wenn du Tiere magst, kann es hier ganz viele freundliche Tiere geben. Der Himmel über dir ist wunderschön, genau so wie du ihn am liebsten hast. Wenn du die Sonne magst, soll es ein Sommerhimmel sein, wenn du lieber einen stürmischen Herbsthimmel mit vielen Wolken haben willst, dann soll es so sein oder eben so, wie du den Himmel liebst … … Du stehst auf einem breiten Weg und gehst einfach los. Du folgst diesem Weg, der dich in einen Wald führt, der im Land der Träume der Wald deiner Gedanken ist … … Alle Gedanken, die du einst hattest, sind hier, auch alle Gedanken, die du irgendwann noch denken wirst, genau so wie alle Gedanken, die du in diesem Augenblick haben könntest, bereits hier sind und darauf warten, von dir entdeckt zu werden … … Du kommst zur Lichtung der Farben. Tief im Wald der Gedanken findest du diesen ruhigen und schönen Platz, der dich zum Verweilen einlädt … … Farben können dir im Land der Träume helfen, sie haben Botschaften für dich, und jede Farbe hat ihre eigene, ganz spezielle Aufgabe und Bestimmung … … Du entdeckst einen bequemen Platz, einen weichen Sessel oder eine Hängematte oder eine Liege, auf der du bequem liegen kannst … … Du machst es dir so richtig bequem an diesem Platz. Hier kannst du in die Farben des Traumlandes eintauchen, dich ganz und gar von den einzelnen Farben und ihren Bedeutungen für dich erfassen lassen … … Zuerst tauchst du ein in die Farbe Grau. Die Farbe Grau entsteht nicht durch den Mangel an Farben, sondern durch viele Farben, die sich überlagern. So kannst du im Grau nicht mehr erkennen, welche Farben eigentlich da sind … … Die Farbe Grau erinnert dich an die schwere Zeit in deinem Leben … … Dann wirst du von weißem Licht umhüllt. Reines, weißes Licht umgibt dich und löst die grauen Töne auf … … Die Farbe Weiß sorgt für Reinheit und Klarheit im Land der Träume und damit auch in deinen Gedanken und in deinem Gefühl. Das Weiß hilft dir, die Schatten der Vergangenheit aufzulösen und dich zu befreien von ihrem Einfluss … … Als nächstes tauchst du ein in die Farbe Goldgelb. Die Farbe Goldgelb ist die Farbe des Lernens. So viel hast du in deinem Leben schon gelernt. Hier im Land der Träume hilft dir die Farbe Goldgelb bei einem inneren Lernprozess, der dir zeigt, dass Essen nicht das ist, was du brauchst … … Alles Lernen, das dich von deinem Leiden befreien kann, geschieht tief in deinem Gefühl, im Land der Träume … … Dann tauchst du ein in die Farbe Hellblau. Hellblau erinnert dich daran, dass du vieles in deinem Leben loslassen musstest, manches schmerzhaft und traurig, anderes mit dem Gefühl der Befreiung. Die hellblaue Kraft hilft dir im Land der Träume, die Vergangenheit und damit auch dein Übergewicht loszulassen … … Tief in dir weißt du, dass jedes Unrecht, das dir widerfahren ist, und jedes Leid, das du erlebt hast, Teil deiner Geschichte ist, die nicht mehr geändert werden kann … … Ändern und gestalten kannst du nur die Gegenwart und deine Zukunft, die schon mit dem nächsten Wimpernschlag beginnt … … Die Farbe Hellblau hilft dir dabei, in deiner Gegenwart zu leben, denn nur das ist wirklich möglich … … Dann wirst du ganz und gar von der Farbe Silber umgeben. Silber ist die Farbe der Wahrheit, vor allem der Wahrheit einer konstruktiven Zukunft … … Das Silber des Traumlandes zeigt dir, dass es auch für dich eine schöne und gute Zukunft gibt, eine Zukunft, in der du schlank sein darfst … … Die Farbe Silber ist die Farbe deiner Hoffnung auf Freiheit und Leichtigkeit in deinem Leben … … Als nächste Farbe siehst du die Farbe Gold, die dich umgibt, die dich einhüllt wie ein schützender Mantel aus purem Gold … … Die Farbe Gold ist die wertvollste Farbe im Land der Träume, denn es ist die Farbe der tiefen und unzerstörbaren Kraft in dir. Die Farbe der Lebenskraft, die dir mit deiner Geburt geschenkt wurde, die Farbe der Schöpfung, die auch in dir leuchtet … …

Im Land der Träume findest du die Farbe Gold, um diese Schöpfungskraft tief in dir zu spüren und wieder für dich wirken zu lassen … … Schließlich umgibt dich die Farbe Rot. Ein kräftiges, intensives Rot leuchtet die gesamte Lichtung aus … … Rot ist die Farbe der Liebe … … Sie erinnert dich im Land der Träume daran, dass du dich selbst wieder lieben darfst, so wie es einst war … … Mit der Fähigkeit und dem Willen zur Selbstliebe bist du geboren worden, doch vieles in deinem Leben ist geschehen, und vieles hat dazu beigetragen, dass du dich selbst nicht immer lieben konntest … … Vielleicht kannst du dich schon gar nicht mehr daran erinnern, dass es jemals anders war, dass du dich selbst früher geliebt hast, denn im Lauf deines Lebens, in den Ereignissen und Erlebnissen deiner Vergangenheit, hast du angefangen an dir zu zweifeln, hast dich immer wieder verstellen müssen und deine Gefühle verstecken müssen, weil niemand da war, dem du sie anvertrauen konntest … … anfangs in bestimmten Situationen oder in einer bestimmten Umgebung … … auch bestimmten Menschen gegenüber … … Später ist es dann zur Routine geworden, bis du deine eigenen Gefühle selbst nicht mehr richtig spüren konntest, sondern meistens die Gefühle, die du glaubtest haben zu müssen … … Die Farbe Rot hilft dir, deine eigenen Gefühle wieder zu finden und so anzunehmen wie sie sind und dich selbst dabei annehmen und lieben zu können … …

Du stehst auf und gehst weiter … … Schritt für Schritt … … um deine Gefühle und damit dich selbst im Land der Träume zu befreien. Heute fängst du damit an … … Dein Weg führt dich zur Lichtung des einen Problems, ein Platz mitten im Wald deiner Gedanken, der aus deinen Gefühlen heraus entsteht. Alle Orte im Land der Träume haben eine Bedeutung, und diese Lichtung zeigt deine Gedanken zu deinem Übergewicht und zum Essen … … In der Mitte der Lichtung steht eine große steinerne Gedenktafel in der Farbe Grau, auf der ganz oben wie eine Überschrift das Problem steht, mit dem du dich beschäftigst. Dort steht „Ich bin zu dick" oder „Ich esse zu viel". Und darunter stehen ganz viele Anforderungen und Einschätzungen von außen, denen du als Kind und auch als erwachsene Person begegnet bist. Vielleicht steht dort „Du bist schuldig" oder „Es liegt an dir" oder „Kümmere dich mehr um andere als um dich selbst", weil du solche Sätze oft gehört oder selbst gedacht hast. Vielleicht steht dort auch „Stell dich nicht so an". Ganz von alleine zeigen sich die Sätze, die du so oft gehört und irgendwann selbst gedacht hast. Doch das waren nicht deine Gedanken und Einschätzungen. Du bist ihnen so oft begegnet, dass du sie irgendwann übernommen hast … … Das musste damals so geschehen, weil du nur so wirklich durchhalten konntest, weil du in deinem Innern nur so überleben konntest. Dich anzupassen, ob nun bewusst oder unbewusst, war deine Überlebensstrategie … … Du hättest deine Gefühle gerne jemandem erzählt, der dir geholfen hätte, doch du musstest sie zu oft mit dir selbst ausmachen … … gerade dann, wenn es am schwersten war … … So hast du immer mehr gegessen, um dich zu trösten und einen Schutzwall gegen weitere Angriffe aufzubauen … … vielleicht auch, um besser gesehen zu werden … … Doch diese graue steinerne Tafel wartet darauf, zu Staub zu zerfallen, um deinen wahren Gefühlen Raum zu geben, um wieder schlank und frei zu werden … … Hier im Land der Träume kannst du deine wahren Gefühle finden, die dir dabei helfen, ob sie nun angenehm oder schmerzhaft sind … … Dann läufst du zwischen den Bäumen hindurch und folgst nur noch deinem Gefühl und erreichst das Ende des Waldes. Du gehst nach draußen, stehst auf einer Hochebene … … Von hier aus kannst du das gesamte Traumland überblicken. Du siehst Berge und Täler, Flüsse und Seen, Wiesen und Wälder. Dieses weite Land gehört dir, es wartet darauf, von dir entdeckt und erkundet zu werden … … Hier kannst du dich selbst und deinen Frieden finden, heute schon und an jedem Tag deines Lebens ein weiteres Stück … … Du machst dir klar, dass das Land der Träume ganz tief in dir drin ist … … Dort war es schon immer … … Ich erzähle dir nur davon.

*[Deine Gefühle fließen wie sanfter Wind durch deinen Körper. Spüre, wie du mit jedem weiteren Atemzug vom Gefühl zurück zu deinen Gedanken kommst, um wieder hier zu sein. Zurück von deiner Reise machst du dir klar, dass du dich hier im Raum befindest, auf der Unterlage, auf der dein Körper sitzt/liegt. Du bist wieder hier im Raum. Deine Muskeln spannen sich, stellen Arbeitsbereitschaft her und warten darauf, sich wieder zu bewegen. Sobald du denkst, dass du wach genug bist, öffnest du einfach deine Augen.]*

## Übergewicht und Essanfälle

*Zweite Sitzung (Vergangenheitsbewältigung)*

[Du hast schon lange geahnt, dass du mit dem Essen etwas auffüllst, was nichts mit tatsächlichem Hunger zu tun hat. Jedenfalls nicht mit dem Hunger des Körpers. Dann denkst du, dass du unbedingt etwas essen musst und anschließend bereust du es, fragst dich, warum du schon wieder so viel und so maßlos gegessen hast. Manchmal sind es regelrechte Essanfälle. Wenn der Körper hungrig ist, fehlt ihm etwas. Wenn die Seele hungert, dann fehlt auch ihr etwas. Häufig in deinem Leben hast du dich nach Liebe und Zuneigung gesehnt, hättest Schutz und Hilfe gebraucht. Du hast dir jemanden gewünscht, dem du von dir und deinen Gefühlen hättest erzählen können. Dann war niemand da, du warst alleine. So hast du im Essen oft Trost gesucht. Mit der Zeit hast du dich daran gewöhnt, dir selbst mit dem Essen etwas Gutes zu tun, was dann nicht mehr gut gewirkt hat, weil du immer dicker geworden bist. Doch das willst du ändern. Und genau das ist im Land der Träume möglich.]

*Ankommen im Land der Träume.* Nachts in unseren Träumen ist alles möglich, was wir uns vorstellen können ... ... es gibt keine Grenzen, wir benötigen keine Logik und keinen Verstand ... ... Unsere Gefühle erschaffen die inneren Bilder und Szenen, die uns helfen können, mehr über uns selbst zu erfahren ... ... mehr von uns selbst zu verstehen ... ... näher bei uns selbst zu sein ... ... Doch die Träume gehören nicht nur der Nacht und zeigen sich nicht nur im Schlaf ... ... Tagträume ermöglichen uns den gleichen Einblick in unser tiefes Inneres ... ... in den Bereich des Unbewussten, das unser Verstand nicht erreichen kann, sondern nur unser Gefühl ... ... Es sind immer unsere Gefühle, die unsere Träume erschaffen ... ... Du findest jeden einzelnen Traum in diesem besonderen Land in dir ... ... im Land der Träume ... ... Dein Atem trägt dich dorthin ... ... Er weht deine Gedanken wie sanften Wind in das Land der Träume ... ... Jetzt ... ...

*Distanzierung vom Bewussten.* Du stehst auf der Straße des Essens, eine Straße, die du gut kennst ... ... Du gehst ja schon so lange auf dieser Straße und hast bisher keinen Ausweg gefunden, keine Möglichkeit, die

Straße zu verlassen und einen anderen Weg zu finden ... ... Du gehst also auch hier im Land der Träume auf der Straße des Essens, doch du hast den Eindruck, einer Lösung entgegen zu gehen ... ... damit du dann tatsächlich einen neuen Weg finden kannst ... ... dieser neue Weg ergibt sich dann ganz von alleine, sobald du tief in dir erkannt hast, worum es eigentlich geht ... ... im Land der Träume und in deinem wachen Leben ... ... Die Straße des Essens ist dunkelgrau ... ... Du gehst schon so lange darauf, ohne das zu finden, was du eigentlich gebraucht hättest ... ... Doch heute ist alles anders ... ... Du bist im Land der Träume, in dem alles möglich ist, vor allem all das, was früher nicht möglich schien ... ...

*Bewusstseinsreinigung.* Du findest eine Tür aus purem Licht ... ... weißes Licht, das funkelt und strahlt ... ... Du näherst dich der Tür, die sich von alleine öffnet ... ... Weißes Licht strahlt dir aus der geöffneten Tür entgegen ... ... Du kannst direkt hinein sehen, denn es sieht wunderschön aus ... ... Du greifst mit einer Hand durch die Tür ... ... und diese Hand wird von dem weißen Licht erfasst, das wie ein warmer Windhauch durch deinen ganzen Körper fließt ... ... Du beobachtest, wie deine Arme und Schultern weiß strahlen ... ... auch dein Oberkörper beginnt zu leuchten, und auch deine Beine senden weißes Licht aus ... ... Schließlich wird auch dein Kopf von weißem Licht erfüllt ... ... Deine Gedanken lösen sich im weißen Licht auf und du fühlst dich angenehm leicht und frei ... ... offen für Neues ... ... und du gehst mit der Kraft des weißen Lichtes durch die offen stehende Tür ... ...

*Konfrontation und Klärung.* Du kommst zu einem Haus mit einem großen Schild über der Eingangstür, auf dem steht „Bistro des einen Augenblicks" ... ... ein kleines Restaurant, das dich zum Verweilen einlädt ... ... Du gehst durch die geöffnete Tür und kommst im Gastraum an ... ... Der Gastraum ist mit goldgelbem Teppich ausgelegt und es gibt nur einen einzigen großen Tisch in der Mitte des Raumes ... ... eine gedeckte Tafel ... ... Du setzt dich an die Tafel ... ... Du kannst von deinem Platz aus den ganzen Raum überblicken und die Eingangstür beobachten ... ... Alles ist still in diesem Bistro und deine Gedanken wandern durch dein Leben ... ... Du erinnerst dich an die Zeit als du noch schlanker warst ... ... vielleicht vor einiger Zeit ... ... oder vor vielen Jahren ... ...

Doch wann auch immer dein Essverhalten sich geändert hat … … wann auch immer dein Übergewicht angefangen hat … … das eigentliche Problem ist sehr früh entstanden … … damals als du gelernt hast, deine eigenen Gefühle zu untergraben … … Dann wird die Tür geöffnet und es treten Menschen ein … … Menschen, die du aus deinem Leben kennst … … Einige von ihnen spielen in deiner Gegenwart eine bedeutende Rolle und vielleicht begleiten sie dich auch schon sehr lange … … andere gehören deiner Vergangenheit an … … Es kann auch sein, dass Menschen eintreten, die schon gar nicht mehr leben … … Doch im Land der Träume ist alles möglich … … Hier kannst du jeden Menschen treffen, der dir jemals begegnet ist … … Hier kannst du jede Situation noch einmal betrachten, die du einst erlebt hast … … Und einige der Personen, die in das Bistro des einen Augenblicks gekommen sind, setzen sich zu dir an den Tisch … … Und jede einzelne Person hat etwas zu Essen mitgebracht … … Doch dann stehen manche auch wieder auf und gehen weiter … … So ist es ein Kommen und Gehen … … und jede Person bringt eine eigene Stimmung mit … … mit jeder einzelnen Person verbindest du eine Erinnerung und ein Gefühl … … Es sind Menschen unter ihnen, die hilfreich und gut waren … … die du als Freunde und Helfer wahrgenommen hast … … die eine oder andere Person hast du geliebt oder tust es bis heute … … Jede Begegnung in deinem Leben hat dazu beigetragen, dass du dich genau so entwickeln konntest und musstest wie es geschehen ist … … Du hast dich mit allen Situationen und Beziehungen deines Lebens auseinander gesetzt, manchmal aktiv und bewusst, manchmal auch wie im Vorbeigehen … … ohne aktiv darüber nachzudenken … … Doch einst hättest du Hilfe gebraucht … … Du hättest die Liebe und den Schutz gebraucht, die dir Freiheit für dich geschenkt hätten … … Doch es kam anders … … Du hattest einst das Gefühl, alleine zu sein … … dich nicht alleine schützen zu können … … Damals hast du angefangen, zu essen, um dir das Gefühl des Schutzes und der Geborgenheit selbst zu geben … … das Gefühl, etwas Gutes zu bekommen … … hast dir damit vielleicht auch mit der Zeit eine Schutzhülle aufgebaut … … wie eine Pufferzone zur Abwehr von Angriffen … … um emotionale Schläge nicht mehr so deutlich zu spüren … … Vielleicht hat dein Übergewicht aber auch noch andere Funktionen, die dir jetzt klar werden … … Doch was auch immer das Essen alles für dich bedeutet haben mag, du kannst das beenden … … Damals war es nicht anders möglich … … Du konntest nicht anders reagieren und hast eine Routine entwickelt … … Heute geht es anders, denn heute lernst du von den Personen, denen du hier wieder begegnest wie das geht, deinen emotionalen Hunger zu besänftigen … … mit Selbstliebe … … mit Liebe von dir für dich … … Du spürst tief in dir, dass dir das gelingen kann … … vielleicht heute schon oder morgen … … oder jeden Tag ein kleines Stück … … Du stehst auf und verlässt das Bistro … … Du gehst über den goldgelben Teppich zum Ausgang … … Draußen läufst du so schnell du kannst … … immer schneller und schneller … …

*Schritt in die Gegenwart.* Du erreichst ein großes goldenes Tor, das Tor der inneren Freiheit, das dich einlädt, mit einem großen Schritt in die Gegenwart zu gehen und damit in die innere Freiheit und Leichtigkeit… … in eine Gegenwart der Veränderung und des Loslassens aller Lasten … … denn alles Vergangene soll nun der Vergangenheit angehören … … Als Erinnerung mag das Vergangene bleiben, doch alles, was du in der Vergangenheit lernen und dort erledigen konntest, ist bereits getan … … Das goldene Tor öffnet sich ganz weit … … und du gehst mit einem großen Sprung hindurch und kommst im Augenblick der Gegenwart an … …

*Kreative Neuausrichtung.* Du kommst zu einem silbernen Spiegel, der mitten auf deinem Weg steht … … Du schaust in den Spiegel und siehst dich selbst in einer schlanken Zukunft … … Du kannst dich selbst in diesem Spiegel in deinem Alltag beobachten … … mit Leichtigkeit und Freude bewegst du dich durch deinen Alltag … … schlank und satt, denn die Selbstliebe strömt durch deinen ganzen Körper … … und wann auch immer du Hunger verspürst, überprüfst du zuerst, welches Bedürfnis sich da meldet … … oftmals ist es das Bedürfnis nach Liebe … … Du schenkst sie dir selbst … … Hier im Spiegel siehst du, dass dir das gelingt … … bald schon … … sehr bald … … vielleicht sogar heute schon … … oder morgen … … und dann einfach an jedem Tag ein weiteres Stück … …

*Selbstversöhnung.* Dann hörst du im Wind die Stimme eines Kindes ... ... Die Stimme ruft deinen Namen ... ... immer und immer wieder hörst du deinen Namen im Land der Träume ... ... Dann siehst du das Kind, das deinen Namen gerufen hat ... ... Es läuft auf dich zu ... ... Du kennst es, denn das Kind sieht so aus wie du ausgesehen hast als du selbst noch ein Kind warst ... ... Du bist dieses Kind ... ... und dieses Kind begrüßt dich und drückt sich ganz fest an dich ... ... Es freut sich, dass du hier bist, um dir selbst zu helfen ... ... um dich selbst zu befreien und leicht zu werden ... ... innerlich leicht und schlank im Äußeren ... ... Dann siehst du eine ganze Gruppe von Kindern ... ... Es sind die glücklichen Kinder, die auf dein inneres Kind warten, um mit ihm gemeinsam zum Horizont zu laufen ... ... dorthin, wo deine Zukunft beginnt ... ... Dein inneres Kind verabschiedet sich und läuft den glücklichen Kindern hinterher ... ... Das ist seine Befreiung ... ...

*Achtsamkeit und Selbsttreue.* Du findest einen Platz der Ruhe ... ... vielleicht im grünen Gras oder in einer Hängematte zwischen Bäumen ... ... Du machst es dir an deinem Ruheplatz so richtig bequem und gemütlich ... ... Es ist jetzt Zeit auszuruhen und neue Kraft zu finden ... ... Du lässt deine Gedanken hin und her gehen und schaust nach oben, in den hellblauen Himmel, der sich wie ein schützendes Dach über das Land der Träume erstreckt ... ... Und dann ist es, als könntest du die schnellen Schritte der glücklichen Kinder ganz leise hören und jeden einzelnen im Land der Träume fühlen und verstehen ... ... jeden Schritt im Land der Träume als Schritt der Befreiung der Wahrheit in dir erkennen ... ... denn das Land der Träume ist ganz tief in dir ... ... Dort war es schon immer ... ... Ich erzähle dir nur davon ... ...

[*Deine Gefühle fließen wie sanfter Wind durch deinen Körper. Spüre, wie du mit jedem weiteren Atemzug vom Gefühl zurück zu deinen Gedanken kommst, um wieder hier zu sein. Zurück von deiner Reise machst du dir klar, dass du dich hier im Raum befindest, auf der Unterlage, auf der dein Körper sitzt/liegt. Du bist wieder hier im Raum. Deine Muskeln spannen sich, stellen Arbeitsbereitschaft her und warten darauf, sich wieder zu bewegen. Sobald du denkst, dass du wach genug bist, öffnest du einfach deine Augen.*]

## Übergewicht und Essanfälle
*Dritte Sitzung (Loslassen der Schuldgefühle)*

*[Verantwortungsgefühle sind oft mit Schuldgefühlen verbunden. Zwar sind wir für vieles verantwortlich, doch für vieles eben auch nicht. Und Verantwortung ist keine Schuld. Du hast dich für vieles in deinem Leben immer wieder verantwortlich gefühlt, hast damit auch verbunden, dass du für Erfolg verantwortlich wärest und schuldig, wenn dieser sich nicht eingestellt hat. Vielleicht wurde dir schon in deiner Kindheit viel abverlangt, von dir erwartet oder sogar gefordert, Verantwortung zu tragen, für Geschwister, für andere Personen oder für den Haushalt. Vielleicht hast du auch gesehen, dass einiges aus dem Ruder lief und hast die Verantwortung dann selbst übernommen. Weil kein anderer sie tragen konnte oder wollte oder einfach weil niemand da war, der es hätte tun können. Doch selbst wenn du völlig freiwillig entschieden hättest, die so übergroße Verantwortung zu tragen, die dir damals normal vorkam, so hättest du keinen Fehler gemacht und wärest auch nicht selbst der Urheber des ganzen inneren Leidens. Die Last, die du getragen hast, hat dazu geführt, dass du immer mehr gegessen hast. Die Leere und Einsamkeit, die du oft erlebt hattest, hat dazu geführt, dass du fehlende Liebe durch Essen ersetzt hast, um dir irgendwie etwas Gutes zu tun. Das hat dann nicht funktioniert, jedenfalls nicht nachhaltig. Schließlich ist das Übergewicht so groß geworden, dass du dich auch nicht mehr wohl gefühlt hast. Also hast du beschlossen es zu ändern. Wenn du nun die Schuldgefühle, die du auch dafür hast, dass das Übergewicht entstanden ist, wieder loslassen könntest, dann brauchst du auch nicht mehr zu viel zu essen. Deswegen bist du heute hier, um genau das zu tun. Loslassen der Schuldgefühle!]*

*Ankommen im Land der Träume.* Nachts in unseren Träumen ist alles möglich, was wir uns vorstellen können ... ... es gibt keine Grenzen, wir benötigen keine Logik und keinen Verstand ... ... Unsere Gefühle erschaffen die inneren Bilder und Szenen, die uns helfen können, mehr über uns selbst zu erfahren ... ... mehr von uns selbst zu verstehen ... ... näher bei uns selbst zu sein ... ... Doch die Träume gehören nicht nur der Nacht und zeigen sich nicht nur im Schlaf ... ... Tagträume ermöglichen uns den gleichen Einblick in unser tiefes Inneres ... ... in den Bereich des Unbewussten, das unser Verstand nicht erreichen kann, sondern nur unser Gefühl ... ... Es sind immer unsere Gefühle, die unsere Träume erschaffen ... ... Du findest jeden einzelnen Traum in diesem besonderen Land in dir ... ... im Land der Träume ... ... Dein Atem trägt dich dorthin ... ... Er weht deine Gedanken wie sanften Wind in das Land der Träume ... ... Jetzt ... ...

*Distanzierung vom Bewussten.* Du stehst auf einer Wiese und hörst das Wasser eines kleinen Baches fließen ... ... und mit dem Fließen des Wassers lässt du deine Gedanken fließen ... ... lässt sie in den Bildern des Traumlandes wandern ... ... Du schaust nach oben in den Himmel, der hellblau ist ... ... ein klarer, schöner Sommerhimmel, vielleicht mit ein paar kleinen weißen Wolken, die im Wind ziehen ... ... und mit den weißen Wolken schickst du deine Gedanken auf die Reise, lässt sie einfach weiter ziehen ... ... Du schaust dich um, betrachtest die Wiese auf der du stehst und fängst an zu wandern ... ... Schritt für Schritt gehst du nach vorne ... ... und mit dir trägst du alle deine Gefühle und Stimmungen ... ... all das auch, was dich belastet und was du loslassen willst ... ... Heute ist die Zeit des Loslassens gekommen ... ... Loslassen im Land der Träume ... ... Loslassen in deinem Leben ... ...

*Bewusstseinsreinigung.* Du findest eine Tür aus purem Licht ... ... weißes Licht, das funkelt und strahlt ... ... Du näherst dich der Tür, die sich von alleine öffnet ... ... Weißes Licht strahlt dir aus der geöffneten Tür entgegen ... ... Du kannst direkt hinein sehen, denn es sieht wunderschön aus ... ... Du greifst mit einer Hand durch die Tür ... ... und diese Hand wird von dem weißen Licht erfasst, das wie ein warmer Windhauch durch deinen ganzen Körper fließt ... ... Du beobachtest, wie deine Arme und Schultern weiß strahlen ... ... auch dein Oberkörper beginnt zu leuchten, und auch deine Beine senden weißes Licht aus ... ... Schließlich wird auch dein Kopf von weißem Licht erfüllt ... ... Deine Gedanken lösen sich im weißen Licht auf und du fühlst dich angenehm leicht und frei ... ... offen für Neues ... ... und du gehst mit der Kraft des weißen Lichtes durch die offen stehende Tür ... ...

*Konfrontation und Klärung.* Du stehst auf einer Hochebene und kannst in der Ferne einen riesigen Ozean erblicken … … Du trägst einen Rucksack mit Proviant mit dir, damit du etwas zu Essen hast … … einen solchen Rucksack trägst du schon sehr lange Zeit mit dir … … Du gehst auf den Ozean zu, seine hellblaue Farbe zieht dich an … … Das Wasser glitzert und funkelt so schön … … und wenn du den Rand der Hochebene erreichst, kannst du von dort oben über den ganzen hellblauen Ozean blicken … … Du beschließt, dort Rast zu machen, doch der Weg ist noch weit … … Also gehst du los, Schritt für Schritt … … Der Rucksack, den du trägst ist sehr schwer … … Du denkst noch einmal darüber nach, wie oft du schon ein schlechtes Gewissen in deinem Leben hattest … … und Schuldgefühle … … damals als du Liebe gebraucht hättest aber nicht finden konntest, zumindest nicht in dem Maße, in dem du sie gebraucht hättest, warst du traurig und einsam … … gleichzeitig hast du geglaubt, dass dich eben niemand lieben könnte … … hast gedacht, dass du es nicht wert wärest geliebt zu werden … … dass du etwas falsch gemacht hättest oder selbst daran Schuld wärst, ohne Liebe leben zu müssen … … Du hattest dich geirrt, du hattest diesen Glauben entwickelt, weil du niemanden gefunden hattest, der dir gesagt hat, dass du liebenswert und wertvoll bist … … So ist es gekommen, dass du immer wieder Schuld gefühlt hast und immer wieder darüber nachdenkst, ob du schuldig bist, wenn etwas in deinem Umfeld nicht gelingt … … selbst für das Essen fühlst du dich schuldig und hast ein schlechtes Gewissen, wenn du gegessen hast … … Doch all das willst du loslassen … … dein schlechtes Gewissen beenden, denn du brauchst es nicht … … Es hilft dir nicht … … Du willst endlich fühlen, dass du nicht schuld bist an deiner eigenen Geschichte … … Dein Leben ist das einzige, das du hast, doch schuldig bist du nicht … … Du hättest Liebe gebraucht, doch sie war nicht ausreichend da … … Damals war es so gekommen … … Es war nicht deine Schuld … … Dann kommst du am Rand der Hochebene an … … Du stehst ganz oben an der Klippe und schaust auf den hellblauen Ozean … … Du setzt den schweren Rucksack ab und setzt dich hin, um dich endlich auszuruhen … … Du öffnest den Rucksack, denn du verspürst ein Hungergefühl … … Doch im Rucksack findest du nichts zu Essen … … Du findest eine graue Kugel im Rucksack … … Du nimmst die Kugel aus dem Rucksack … … Sie ist unglaublich schwer … … unglaublich schwer ... ... Es ist die Kugel deines schlechten Gewissens ... ... all deine Schuldgefühle sind in dieser so schweren Kugel ... ... Du willst diese Gefühle nun beenden, nun endlich loslassen, denn sie haben längst ausgedient ... ... Du nimmst die Kugel in beide Hände und fühlst plötzlich eine unglaubliche und grenzenlose Kraft ... ... eine Kraft ganz tief in dir ... ... Dann wirfst du die Kugel hoch in die Luft ... ... in einem weiten Bogen wirfst du sie von dir weg ... ... Die graue Kugel fliegt hunderte von Metern durch die Luft, denn die Anspannung der vielen Jahre, der Schuldgefühle und des schlechten Gewissens entladen sich in diesem Wurf über den Ozean ... ... Die Kugel fällt weit entfernt ins Wasser ... ... In genau diesem Moment fühlst du dich unglaublich leicht und vollkommen satt ... ... vollkommen satt ... ... Dann läufst du so schnell du kannst über die Hochebene, lässt dich nur von deinem Gefühl führen ... ... Du läufst schneller als je zuvor und fühlst dich leichter und stärker als jemals vorher ... ...

*Schritt in die Gegenwart.* Du erreichst ein großes goldenes Tor, das Tor der inneren Freiheit, das dich einlädt, mit einem großen Schritt in die Gegenwart zu gehen und damit in die innere Freiheit und Leichtigkeit... ... in eine Gegenwart der Veränderung und des Loslassens aller Lasten ... ... denn alles Vergangene soll nun der Vergangenheit angehören ... ... Als Erinnerung mag das Vergangene bleiben, doch alles, was du in der Vergangenheit lernen und dort erledigen konntest, ist bereits getan ... ... Das goldene Tor öffnet sich ganz weit ... ... und du gehst mit einem großen Sprung hindurch und kommst im Augenblick der Gegenwart an ... ...

*Kreative Neuausrichtung.* Du stehst auf einer Blumenwiese und fühlst dich leichter als je zuvor ... ... Und aus dem Boden wachsen vor deinen Augen kleine Triebe, die zu blühenden Blumen werden ... ... rote Rosen ... ... Überall um dich herum wachsen rote Rosen aus dem Boden, wie in einem Zeitraffer kannst du das Wachsen der Blumen beobachten ... ... Rote Rosen sind die Blumen der Liebe ... ... Im Land der Träume ist Liebe immer die Liebe von dir für dich ... ... Liebe von dir für dich, die du jetzt deutlich spüren kannst ... ... Selbstliebe, die dich sättigt ... ... Selbstliebe, die dich sättigt ... ... Dann schläfst du ein und träumst einen schönen Traum von deiner schlanken und freien Zukunft und im Einschlafen fällt dir ein, dass die Zukunft schon mit dem nächsten Wimpernschlag beginnt … …

*Selbstversöhnung.* Und als du die Augen wieder öffnest, siehst du die Gruppe der glücklichen Kinder vorüber laufen, ganz vorne, allen voran, dein inneres Kind … … dieses Kind, das die Selbstliebe jetzt auch in sich trägt … … Es winkt dir zu, doch es hat keine Zeit mehr zu verlieren, daher läuft es mit den anderen Kindern weiter zum Horizont, wo es erwachsen sein wird … … Du freust dich für das Kind in dir und winkst ihm zu … … Dein Loslassen der Schuldgefühle, die niemals deine eigenen waren, trägt es zum Horizont, schneller als es je gedacht hätte … … viel schneller … … Dann stehst du auf und gehst auf deinem eigenen Weg weiter … …

*Achtsamkeit und Selbsttreue.* Du findest einen Platz der Ruhe … … vielleicht im grünen Gras oder in einer Hängematte zwischen Bäumen … … Du machst es dir an deinem Ruheplatz so richtig bequem und gemütlich … … Es ist jetzt Zeit auszuruhen und neue Kraft zu finden … … Du lässt deine Gedanken hin und her gehen und schaust nach oben, in den hellblauen Himmel, der sich wie ein schützendes Dach über das Land der Träume erstreckt … … Und dann ist es, als könntest du die schnellen Schritte der glücklichen Kinder ganz leise hören und jeden einzelnen im Land der Träume fühlen und verstehen … … jeden Schritt im Land der Träume als Schritt der Befreiung der Wahrheit in dir erkennen … … denn das Land der Träume ist ganz tief in dir … … Dort war es schon immer … … Ich erzähle dir nur davon … …

[*Deine Gefühle fließen wie sanfter Wind durch deinen Körper. Spüre, wie du mit jedem weiteren Atemzug vom Gefühl zurück zu deinen Gedanken kommst, um wieder hier zu sein. Zurück von deiner Reise machst du dir klar, dass du dich hier im Raum befindest, auf der Unterlage, auf der dein Körper sitzt/liegt. Du bist wieder hier im Raum. Deine Muskeln spannen sich, stellen Arbeitsbereitschaft her und warten darauf, sich wieder zu bewegen. Sobald du denkst, dass du wach genug bist, öffnest du einfach deine Augen.*]

## Übergewicht und Essanfälle
*Vierte Sitzung (Verzicht auf Wiedergutmachung)*

*[Das Land der Träume ist dir inzwischen vertraut geworden. Schon bevor du jemals von ihm gehört hattest, hast du es gekannt. Denn tief in dir gibt es dieses Land schon immer. Manchmal kommt es eben nur darauf an, den richtigen Weg zu finden, einen neuen Ansatzpunkt, einen Perspektivenwechsel. Diesen neuen Weg gehst du schon seit einiger Zeit. Nun willst du dich noch mehr befreien und immer besser verstehen, wie es dazu gekommen ist, dass du so lange so viel gegessen hast, immer dicker geworden bist. Doch mehr noch, du willst dich befreien. Befreiung ist nur möglich, wenn wir die Vergangenheit loslassen können. Unsere Vergangenheit, unsere Lebensgeschichte ist unser Lehrmeister, doch wir lernen nicht durch die Analyse der Vergangenheit, sondern durch die Gefühle, die wir damals hatten. Wir müssen nicht alles im Verstand sortieren, denn der Verstand interpretiert nur unser Gefühl. Unsere Emotionen so wahrzunehmen und zuzulassen wie sie tatsächlich sind, ist das wahre Lernen, das uns hilft, uns selbst immer weiter zu entwickeln. Doch wenn wir über unsere eigene Geschichte nachdenken, bewerten wir sie, überlegen uns, warum es genau so und nicht anders gelaufen ist. Möglicherweise entwickeln wir Wünsche nach Rache oder Vergeltung. Das ist menschlich, doch gleichzeitig bremsen uns solche Gedanken und Wünsche, denn solange wir sie haben, halten wir an der Idee der Veränderung der Vergangenheit fest. Ein unmögliches Ansinnen, ein Wunsch, der niemals in Erfüllung gehen kann. Du nimmst dir also vor, deine eigene Geschichte anzunehmen, denn eine andere hast du nicht. Du kannst sie betrauern solange und so intensiv das erforderlich ist. Dann lässt du sie los und verzichtest auf Wiedergutmachung, die nicht möglich ist. Alles ist schon geschehen.]*

*Ankommen im Land der Träume.* Nachts in unseren Träumen ist alles möglich, was wir uns vorstellen können ... ... es gibt keine Grenzen, wir benötigen keine Logik und keinen Verstand ... ... Unsere Gefühle erschaffen die inneren Bilder und Szenen, die uns helfen können, mehr über uns selbst zu erfahren ... ... mehr von uns selbst zu verstehen ... ... näher bei uns selbst zu sein ... ... Doch die Träume gehören nicht nur der Nacht und zeigen sich nicht nur im Schlaf … … Tagträume ermöglichen uns den gleichen Einblick in unser tiefes Inneres … … in den Bereich des Unbewussten, das unser Verstand nicht erreichen kann, sondern nur unser Gefühl … … Es sind immer unsere Gefühle, die unsere Träume erschaffen … … Du findest jeden einzelnen Traum in diesem besonderen Land in dir … … im Land der Träume … … Dein Atem trägt dich dorthin … … Er weht deine Gedanken wie sanften Wind in das Land der Träume … … Jetzt … …

*Distanzierung vom Bewussten.* Du kommst auf einer Sommerwiese an, die genau so aussieht, wie du dir eine schöne Sommerwiese am besten vorstellen kannst … … vielleicht mit schönem grünem Gras und farbigen Blumen … … vielleicht gibt es Vögel auf deiner Wiese oder freundliche Insekten, die Nektar in den Blüten suchen … … Der Himmel über dir ist hellblau und das Wetter folgt deinen Gedanken … … Wenn du willst, dass es ein schöner Sommerhimmel ist, dann bleibt er so schön blau und die Sonne scheint … … wenn du einen Herbsthimmel lieber hast, können Wolken aufziehen und es kann sogar regnen … … oder du liebst es stürmisch und der Wind fängst an, die Wolken vor sich her zu treiben … … ganz wie du willst … … Das Land der Träume gehört nur dir allein … … Du bestimmst, was sein darf … … Du gehst quer über die Wiese, lässt dich von deinem Gefühl führen … …

*Bewusstseinsreinigung.* Du findest eine Tür aus purem Licht … … weißes Licht, das funkelt und strahlt … … Du näherst dich der Tür, die sich von alleine öffnet … … Weißes Licht strahlt dir aus der geöffneten Tür entgegen … … Du kannst direkt hinein sehen, denn es sieht wunderschön aus … … Du greifst mit einer Hand durch die Tür … … und diese Hand wird von dem weißen Licht erfasst, das wie ein warmer Windhauch durch deinen ganzen Körper fließt … … Du beobachtest, wie deine Arme und Schultern weiß strahlen … … auch dein Oberkörper beginnt zu leuchten, und auch deine Beine senden weißes Licht aus … … Schließlich wird auch dein Kopf von weißem Licht erfüllt … … Deine Gedanken lösen sich im weißen Licht auf und du fühlst dich angenehm leicht und frei … … offen für Neues … … und du gehst mit der Kraft des weißen Lichtes durch die offen stehende Tür … …

*Konfrontation und Klärung.* Du stehst auf der Straße des Essens ... ... Diese Straße hat dich lange Zeit geführt, von einer Mahlzeit zur anderen, immer mit dem Ziel, ein Bedürfnis zu befriedigen, das dir wie Hunger vorkam ... ... Hunger war auch das Gefühl, doch nicht körperlicher Hunger nach Nahrung, sondern Hunger nach Anerkennung und Liebe ... ... nach Geborgenheit und Zuneigung ... ... Du weißt das und du hast inzwischen verstanden, dass du dieses Bedürfnis nicht mit Essen sättigen kannst ... ... An die Stelle des Essens hast du die Selbstachtung und Selbstliebe gesetzt ... ... Das ist nicht immer so einfach oder sagen wir besser noch nicht so einfach, dich selbst zu lieben ... ... Doch es geht schon leichter als früher und jeden Tag kannst du deine Selbstliebe mehr aufbauen ... ... Du hast lange Zeit tief in dir darauf gewartet, dass alles anders werden soll, hast dir gewünscht, es wäre in der Vergangenheit alles anders gelaufen ... ... Doch du weißt, dass du das Vergangene nicht mehr ändern kannst ... ... Du kannst es betrauern, doch deine Geschichte ändert sich nicht rückwirkend ... ... Das muss sie auch nicht, du kannst deinen inneren Frieden auch so finden ... ... Du schaust nach vorne und gehst Schritt für Schritt ... ... Du siehst Menschen am Straßenrand stehen ... ... viele Personen, die du kennst ... ... Du gehst an ihnen vorbei und dann fällt dir eine Person auf, von der du dir am meisten gewünscht hattest, dass Liebe und Zuneigung zwischen euch gewesen wären ... ... Diese Person, wer auch immer das sein mag, steht am Straßenrand und hat auf dich gewartet ... ... Lass ihr Bild einfach in deinem Inneren entstehen und geh auf diese Person zu ... ... vielleicht hast du mit genau diesem Menschen hier gerechnet oder aber du bist vollkommen überrascht, gerade ihn oder sie hier zu treffen ... ... Wem auch immer du jetzt begegnest, dieser Mensch steht für alle Menschen und alle Beziehungen, von denen du dir Achtsamkeit, Aufmerksamkeit oder Liebe erhofft hattest ... ... und direkt vor dieser Person steht ein Tisch mit deinem Lieblingsessen ... ... Du weißt, dass dieser Mensch die Vergangenheit nicht mehr ändern kann, was auch immer zwischen euch gewesen sein mag ... ... Vielleicht könnte dieser Mensch sein Verhalten in der Gegenwart ändern, wenn er noch lebt, doch das Vergangene ist vorbei ... ... Das entbindet nicht von Verantwortung, doch zeigt dir, dass der Wunsch nach Wiedergutmachung nicht erfüllt werden kann,

denn das würde bedeuten, Geschehenes ungeschehen zu machen ... ...
Du willst das Vergangene aber loslassen ... ... Das kann dich befreien ...
... Also nimmst du den Teller mit deinem Lieblingsessen in die Hand
und gibst ihm dieser Person ... ... Du gibst das Essen zurück, denn du
brauchst es nicht mehr ... ... Wenn du willst, kannst du in deinen Gedanken diesem Menschen noch etwas sagen ... ... Dann verabschiedest
du diese Person und sie nimmt das Essen mit ... ... Sie geht von dir weg
und verwandelt sich in weißen Nebel, der sich auflöst ... ... Du gehst
weiter auf der Straße, die zur Straße der Befreiung geworden ist ... ...

*Schritt in die Gegenwart.* Du erreichst ein großes goldenes Tor, das Tor
der inneren Freiheit, das dich einlädt, mit einem großen Schritt in die
Gegenwart zu gehen und damit in die innere Freiheit und Leichtigkeit...
... in eine Gegenwart der Veränderung und des Loslassens aller Lasten
... ... denn alles Vergangene soll nun der Vergangenheit angehören ...
... Als Erinnerung mag das Vergangene bleiben, doch alles, was du in
der Vergangenheit lernen und dort erledigen konntest, ist bereits getan
... ... Das goldene Tor öffnet sich ganz weit ... ... und du gehst mit einem großen Sprung hindurch und kommst im Augenblick der Gegenwart an ... ...

*Kreative Neuausrichtung.* Du stehst plötzlich vor einer silbernen Lein-
wand, auf der langsam Bilder entstehen ... ... Du siehst dich selbst und
deine Zukunft ... ... Du siehst dich selbst wie in einem Zeitraffer und
kannst beobachten wie dein Körper schlanker wird, weil dein Essverhalten sich ganz von selbst geändert hat ... ... es hat sich geändert, weil du
die Vergangenheit losgelassen hast ... ... Deshalb wirst du auch schlanker ... ... ohne Diät oder Disziplin ... ... Du wählst Essen um deinen
Körper zu sättigen und Selbstliebe um deine Seele zu sättigen ... ...
Dann schaust du dich um und überall um dich herum wachsen plötzlich
rote Blüten aus der Erde ... ... Sogar vom Himmel fallen rote Blütenblätter herab ... ... Du breitest die Arme aus und öffnest die Hände und lässt
die zarten roten Blütenblätter durch deine Finger gleiten ... ... Du fängst
an zu tanzen ... ... Du folgst dem Rhythmus deines eigenen Gefühls ...
... des Gefühls der Freiheit und Leichtigkeit ... ... Du fühlst dich freier
und leichter als je zuvor ... ... freier und leichter als je zuvor ... ...

*Selbstversöhnung.* Dann hörst du Kinderstimmen, die glücklichen Kinder laufen durch das Blütenmeer zu dir und allen voran dein inneres Kind … … das Kind, das deine Gefühle und deine Gedanken kennt, denn es sind auch seine … … Zur Begrüßung umarmst du das innere Kind, das sich liebevoll an dich schmiegt … … Gemeinsam tobt und springt ihr durch das Blütenmeer wie fröhlich spielende Kinder … … Ihr fühlt euch beide frei und leicht … … frei und leicht … … Dann schickst du es zurück zu der Gruppe der glücklichen Kinder, die so schnell sie nur können zum Horizont laufen … … Du schaust den glücklichen Kindern hinterher … … Ihr Lachen hallt durch das ganze Land und dein eigenes Lachen wird immer lauter … … und Schritt für Schritt, in deinem Tempo, in deiner Geschwindigkeit, gehst auch du zum Horizont … … deiner Zukunft entgegen … …

*Achtsamkeit und Selbsttreue.* Du findest einen Platz der Ruhe … … vielleicht im grünen Gras oder in einer Hängematte zwischen Bäumen … … Du machst es dir an deinem Ruheplatz so richtig bequem und gemütlich … … Es ist jetzt Zeit auszuruhen und neue Kraft zu finden … … Du lässt deine Gedanken hin und her gehen und schaust nach oben, in den hellblauen Himmel, der sich wie ein schützendes Dach über das Land der Träume erstreckt … … Und dann ist es, als könntest du die schnellen Schritte der glücklichen Kinder ganz leise hören und jeden einzelnen im Land der Träume fühlen und verstehen … … jeden Schritt im Land der Träume als Schritt der Befreiung der Wahrheit in dir erkennen … … denn das Land der Träume ist ganz tief in dir … … Dort war es schon immer … … Ich erzähle dir nur davon … …

*[Deine Gefühle fließen wie sanfter Wind durch deinen Körper. Spüre, wie du mit jedem weiteren Atemzug vom Gefühl zurück zu deinen Gedanken kommst, um wieder hier zu sein. Zurück von deiner Reise machst du dir klar, dass du dich hier im Raum befindest, auf der Unterlage, auf der dein Körper sitzt/liegt. Du bist wieder hier im Raum. Deine Muskeln spannen sich, stellen Arbeitsbereitschaft her und warten darauf, sich wieder zu bewegen. Sobald du denkst, dass du wach genug bist, öffnest du einfach deine Augen.]*

# Übergewicht und Essanfälle
*Fünfte Sitzung (Abschlussritual)*

*[Du hast längst verstanden, dass das Gefühl, dass du lange als Hunger wahrgenommen hast, eigentlich ein innerer Hunger war, der nichts mit dem Bedürfnis nach Essen zu tun hatte. Es waren andere Bedürfnisse nach Anerkennung, Zuneigung und Liebe. Vielleicht auch noch weitere Bedürfnisse oder ein ganz besonderes, das eben für dich und in deinem Leben so wichtig war. Diese Bedürfnisse gibt es immer noch, sie gehören zu dir. Du kannst sie jedoch auf andere Art und Weise befriedigen, vor allem dadurch, dass du sie so wahrnimmst und zulässt, wie sie tatsächlich sind. Manche Bedürfnisse können wir selbst bedienen, vielleicht mit Selbstliebe oder mit Achtsamkeit von uns selbst für uns selbst. Doch ein Bedürfnis kann auch unerfüllt bleiben oder teilweise unerfüllt. Wir sind uns selbst nicht immer genug, brauchen und suchen auch Zuneigung durch andere, die wir nicht immer finden oder erhalten. Dann fühlt sich das nicht schön an, doch wichtig ist es, genau das Gefühl, das gerade da ist, wahrzunehmen, zuzulassen und anzunehmen. So werden wir am schnellsten wieder frei und finden inneren Frieden auch bei unerfüllten Wünschen und Bedürfnissen. Wir können gerade dann auf Ersatzbefriedigungen verzichten, wenn wir Gefühle zulassen. Eine Ersatzbefriedigung wie das Essen wählen wir nur dann, wenn wir gar nicht genau wissen, welches Gefühl oder welches Bedürfnis genau da ist und damit bedient werden soll. Du weißt das und hast dich von dem Ritual des Essens befreit. Nun gehst du noch einmal in das Land der Träume, um noch mehr zu lernen wie das geht, allen Gefühlen einen Platz zu geben, keins mehr zu verdrängen oder zu verleugnen. Denn das führt dazu, dass du keine Ersatzhandlungen und keine Ersatzbefriedigungen mehr brauchst. Essen ist dann nur noch zur körperlichen Sättigung da, mehr ist nicht erforderlich. Heute bringst du die Gefühle an den richtigen Platz.]*

*Ankommen im Land der Träume.* Nachts in unseren Träumen ist alles möglich, was wir uns vorstellen können ... ... es gibt keine Grenzen, wir benötigen keine Logik und keinen Verstand ... ... Unsere Gefühle erschaffen die inneren Bilder und Szenen, die uns helfen können, mehr über uns selbst zu erfahren … … mehr von uns selbst zu verstehen … … näher bei uns selbst zu sein … … Doch die Träume gehören nicht nur der Nacht und zeigen sich nicht nur im Schlaf … … Tagträume ermöglichen uns den gleichen Einblick in unser tiefes Inneres … … in den Bereich des Unbewussten, das unser Verstand nicht erreichen kann, sondern nur unser Gefühl … … Es sind immer unsere Gefühle, die unsere Träume erschaffen … … Du findest jeden einzelnen Traum in diesem besonderen Land in dir … … im Land der Träume … … Dein Atem trägt dich dorthin … … Er weht deine Gedanken wie sanften Wind in das Land der Träume … … Jetzt … …

*Distanzierung vom Bewussten.* Du stehst mitten in einem dichten Wald, der im Land der Träume immer nur der Wald deiner Gedanken sein kann … … Du hast über so vieles nachgedacht … … deine Gedanken sortiert und erweitert … … Du hast aber auch erkannt, dass deine eigentliche Befreiung nicht in den Gedanken stattfindet sondern immer nur in deinem Gefühl … … Du gehst zwischen den Bäumen hindurch und jeder Baum, den du hinter dir lässt wird zu einem Gedanken, der sich auflöst … … So begegnest du Gedanken, die du sofort wieder hinter dir lässt … … Kein Gedanke geht verloren, weil alle Bäume bleiben … … Doch du beachtest sie einfach nicht, denn jetzt stören sie dich nur … … Du gehst ganz auf dein Gefühl zu … … suchst einen Ausgang aus deinen Gedanken, den du auch findest … …

*Bewusstseinsreinigung.* Du findest eine Tür aus purem Licht … … weißes Licht, das funkelt und strahlt … … Du näherst dich der Tür, die sich von alleine öffnet … … Weißes Licht strahlt dir aus der geöffneten Tür entgegen … … Du kannst direkt hinein sehen, denn es sieht wunderschön aus … … Du greifst mit einer Hand durch die Tür … … und diese Hand wird von dem weißen Licht erfasst, das wie ein warmer Windhauch durch deinen ganzen Körper fließt … … Du beobachtest, wie deine Arme und Schultern weiß strahlen … … auch dein Oberkörper beginnt zu leuchten, und auch deine Beine senden weißes Licht aus … … Schließlich wird auch dein Kopf von weißem Licht erfüllt … … Deine Gedanken lösen sich im weißen Licht auf und du fühlst dich angenehm leicht

und frei … … offen für Neues … … und du gehst mit der Kraft des weißen Lichtes durch die offen stehende Tür … …

*Konfrontation und Klärung.* Du sitzt an einer gedeckten Tafel und um dich
herum ist nur weißes Licht … … Auf dem Tisch stehen drei leere Gede-
cke, eines für die Vorspeise, eines für den Hauptgang und eines für den
Nachtisch … … Neben deinem Platz steht eine Vase mit roten Rosen,
eine mit hellblauen Vergissmeinnicht und auf dem Tisch vor dir liegen
drei Bilderrahmen … … Du willst heute tief in dir noch einmal klarstel-
len und versichern, dass du emotionale Bedürfnisse nicht mit Essen auf-
füllen oder befriedigen willst … … Du wendest dich dem Vorspeisenge-
deck zu, das für deine Vergangenheit steht und damit für alle Gedanken,
die noch an dem Vergangenen hängen könnten … … auch dafür, dass
du irgendwann vielleicht noch einmal intensiver über die Vergangenheit
nachdenkst … … Doch du brauchst heute nichts zu Essen auf diesem
Teller … … Du nimmst ein hellblaues Vergissmeinnicht als Zeichen des
liebevollen Loslassens und legst sie auf diesen Teller … … dann nimmst
du eine rote Rose als Zeichen deiner Selbstachtung und Selbstliebe und
legst sie hinzu … … als nächstes nimmst du einen Bilderrahmen und
entwirfst vor deinem inneren Auge ein Bild für ein Bedürfnis, das einst
unerfüllt blieb … … vielleicht eines, das nur du kennst oder das dir jetzt
gerade klar wird … … Stell dir dieses Bild vor, es kann auch ein Symbol
oder ein Wort sein, das eingerahmt wird … … *[eine gefühlte halbe Minute
Zeit geben]* … … Nun leg diesen Bilderrahmen mit auf den Teller … …
Dann wendest du dich dem Teller für den Hauptgang zu, der für deine
Gegenwart steht … … Du nimmst ein hellblaues Vergissmeinnicht als
Zeichen des Verzichtens auf Vergeltung, Rache und Wiedergutmachung
und legst es auf diesen Teller … … dann nimmst du eine rote Rose als
Zeichen deiner Selbstachtung und Selbstliebe und legst sie hinzu … …
als nächstes nimmst du einen Bilderrahmen und entwirfst vor deinem
inneren Auge ein Bild für ein Bedürfnis, das in deiner Gegenwart oft
unerfüllt bleibt … … das du als Sehnsucht erlebst … … Stell dir dieses
Bild vor, es kann auch ein Symbol oder ein Wort sein, das eingerahmt
wird … *[eine gefühlte halbe Minute Zeit geben]* … … Nun leg diesen
Bilderrahmen mit auf den Teller … … Als nächstes wendest du dich
dem Nachspeisengedeck zu, das für deine Zukunft steht … … Du

nimmst ein hellblaues Vergissmeinnicht als Zeichen des dauerhaften und immer wieder erneuten Verzichtes auf Wiedergutmachung und legst es auf den Teller … … dann nimmst du eine rote Rose als Zeichen deiner Selbstachtung und Selbstliebe und legst sie hinzu … … als nächstes nimmst du einen Bilderrahmen und entwirfst vor deinem inneren Auge ein Wunschbild für deine Zukunft … … Stell dir dieses Bild vor, es kann auch ein Symbol oder ein Wort sein, das eingerahmt wird … … *[eine gefühlte halbe Minute Zeit geben]* … … Nun leg diesen Bilderrahmen mit auf den Teller und erschaffe damit deine Zukunft, die mit dem nächsten Wimpernschlag schon beginnt … … Dann stehst du auf und fühlst dich bereits satt … … Du gehst mit großen Schritten nach vorne … … deiner Zukunft entgegen … …

*Schritt in die Gegenwart.* Du erreichst ein großes goldenes Tor, das Tor der inneren Freiheit, das dich einlädt, mit einem großen Schritt in die Gegenwart zu gehen und damit in die innere Freiheit und Leichtigkeit… … in eine Gegenwart der Veränderung und des Loslassens aller Lasten … … denn alles Vergangene soll nun der Vergangenheit angehören … … Als Erinnerung mag das Vergangene bleiben, doch alles, was du in der Vergangenheit lernen und dort erledigen konntest, ist bereits getan … … Das goldene Tor öffnet sich ganz weit … … und du gehst mit einem großen Sprung hindurch und kommst im Augenblick der Gegenwart an … …

*Kreative Neuausrichtung.* Du kommst auf einer Wiese an und stehst direkt unter einem Apfelbaum mit reifen roten Äpfeln an den Ästen … … Unter dem Baum steht ein Korb … … Dann pflückst du dir so viele rote reife Äpfel wie möglich … … füllst den Korb immer mehr mit reifen Früchten … … Dann nimmst du den vollen Korb in beide Hände und trägst ihn über die Wiese … … Er ist viel leichter als du dachtest, die reifen roten Äpfel kannst du ganz leicht mit dir tragen … …

*Selbstversöhnung.* Dein Blick geht in die Ferne, du suchst die glücklichen Kinder und du rufst nach ihnen … … Dann siehst du sie auch schon, denn sie waren immer in deiner Nähe … … Sie laufen auf dich zu … … allen voran das Kind, das so aussieht, so denkt und so fühlt wie du … …

dein inneres Kind ... ... Sie umringen dich und freuen sich, dass du wieder hier bist ... ... und du schenkst jedem Kind einen schönen roten Apfel ... ... Die Kinder beißen in die Äpfel, die wunderbar süß schmecken ... ... Dein inneres Kind bricht seinen Apfel mit den Händen in zwei Teile und gibt dir einen davon ... ... es teilt seinen roten Apfel mit dir, so wie du dein ganzes Leben und deine Liebe mit ihm teilst ... ... Du beißt in den saftigen roten Apfel ... ... Du fühlst dabei die Verbindung und die Verbundenheit mit deinem inneren Kind und gleichzeitig eine nie gekannte Freiheit und Leichtigkeit in dir ... ... Dann verabschieden sich die glücklichen Kinder und jedes nimmt sich noch einen schönen roten Apfel mit auf den Weg zum Horizont ... ... Dort wirst du sie wieder treffen ... ... heute schon oder morgen ... ... oder jeden Tag erneut ... ...

*Achtsamkeit und Selbsttreue.* Du findest einen Platz der Ruhe ... ... vielleicht im grünen Gras oder in einer Hängematte zwischen Bäumen ... ... Du machst es dir an deinem Ruheplatz so richtig bequem und gemütlich ... ... Es ist jetzt Zeit auszuruhen und neue Kraft zu finden ... ... Du lässt deine Gedanken hin und her gehen und schaust nach oben, in den hellblauen Himmel, der sich wie ein schützendes Dach über das Land der Träume erstreckt ... ... Und dann ist es, als könntest du die schnellen Schritte der glücklichen Kinder ganz leise hören und jeden einzelnen im Land der Träume fühlen und verstehen ... ... jeden Schritt im Land der Träume als Schritt der Befreiung der Wahrheit in dir erkennen ... ... denn das Land der Träume ist ganz tief in dir ... ... Dort war es schon immer ... ... Ich erzähle dir nur davon ... ...

*[Deine Gefühle fließen wie sanfter Wind durch deinen Körper. Spüre, wie du mit jedem weiteren Atemzug vom Gefühl zurück zu deinen Gedanken kommst, um wieder hier zu sein. Zurück von deiner Reise machst du dir klar, dass du dich hier im Raum befindest, auf der Unterlage, auf der dein Körper sitzt/liegt. Du bist wieder hier im Raum. Deine Muskeln spannen sich, stellen Arbeitsbereitschaft her und warten darauf, sich wieder zu bewegen. Sobald du denkst, dass du wach genug bist, öffnest du einfach deine Augen.]*

## Buchreihe: Im Land der Träume

Fantasiereisen für Erwachsene. Band 1 *ISBN: 978-3-7322-8620-1*
*Selbstachtung und Selbstwertgefühl; Gewalt gegen die Mutter*

Fantasiereisen für Erwachsene. Band 2 *ISBN: 978-3-7322-8627-0*
*Psychosomatik; Panikanfälle*

Fantasiereisen für Erwachsene. Band 3 *ISBN: 978-3-7322-8571-6*
*Einschlafstörungen; Übergewicht und Essanfälle*

Fantasiereisen für Erwachsene. Band 4 *ISBN: 978-3-7322-8572-3*
*Sexueller Missbrauch durch Priester; Gewalt in der Kindheit*

Fantasiereisen für Erwachsene. Band 5 *ISBN: 978-3-7322-8574-7*
*Suchttendenzen (Alkohol); Angst beim Autofahren*

Fantasiereisen für Erwachsene. Band 6 *ISBN: 978-3-7322-8581-5*
*Burnout; Trauerbewältigung*

Fantasiereisen für Erwachsene. Band 7 *ISBN: 978-3-7322-8605-8*
*Prüfungsangst; Kontrollzwänge*

Fantasiereisen für Erwachsene. Band 8 *ISBN: 978-3-7322-8608-9*
*Ticstörungen; Schwangerschaftsabbruch*

Fantasiereisen für Erwachsene. Band 9 *ISBN: 978-3-7322-8610-2*
*Fehlgeburt; Flugangst*

Fantasiereisen für Erwachsene. Band 10 *ISBN: 978-3-7322-8611-9*
*Existenzangst; Hypochondrie*

## Weitere Fantasiereisen und Trancegeschichten

Wellen am Horizont. Trancegeschichten *ISBN: 978-3-8391-1394-3*
*Trancegeschichten zu verschiedenen Themen*

Heilsame Fantasien. Trancegeschichten *ISBN: 978-3-8391-0899-4*
*Trancegeschichten zu verschiedenen Themen*

Fang wieder an zu leben. Trancegeschichten *ISBN: 978-3-7322-4695-3*
*Trancegeschichten zu Abbruch- und Umbruchsituationen*

Spiegelbilder im See. Trancegeschichten *ISBN: 978-3-7322-9736-8*
*Trancegeschichten zum Thema Beziehungen*

Feuer am Wasserfall. Trancegeschichten *ISBN: 978-3-7322-9782-5*
*Trancegeschichten zum Thema Gefühle und Stimmungslagen*

Frieden mit dem inneren Kind. Trancegeschichten *ISBN: 978-3-7357-8853-5*
*Trancegeschichten zur Vergangenheitsbewältigung mit dem inneren Kind*

Im Land der Sternenkinder. Trancegeschichten *ISBN: 978-3-7322-8624-9*
*Trancegeschichten für Eltern von Sternenkindern*

Diesseits der Sternenbrücke. Trancegeschichten *ISBN: 978-3-7322-8623-2*
*Trancegeschichten für Pflegekräfte*

## Buchreihe: Zehn Hypnosen

Zehn Hypnosen. Band 1: Raucherentwöhnung *ISBN: 978-3-8391-1838-2*

Zehn Hypnosen. Band 2: Angst und Unruhezustände *ISBN: 978-3-7322-4734-9*

Zehn Hypnosen. Band 3: Burn Out *ISBN: 978-3-7322-4717-2*

Zehn Hypnosen. Band 4: Übergewicht reduzieren *ISBN: 978-3-7322-4569-7*

Zehn Hypnosen. Band 5: Vergangenheitsbewältigung *ISBN: 978-3-7322-4719-6*

Zehn Hypnosen. Band 6: Suizidgedanken und Suizidversuche *ISBN: 978-3-7322-4722-6*

Zehn Hypnosen. Band 7: Psychoonkologie *ISBN: 978-3-7322-4725-7*

Zehn Hypnosen. Band 8: Zwänge und Tics *ISBN: 978-3-7322-4726-4*

Zehn Hypnosen. Band 9: Selbstvertrauen und Entscheidungen *ISBN: 978-3-7322-4727-1*

Zehn Hypnosen. Band 10: Trauerarbeit *ISBN: 978-3-7322-4729-5*

Zehn Hypnosen. Band 11: Psychosomatik *ISBN: 978-3-7322-8515-0*

Zehn Hypnosen. Band 12: Chronische Schmerzen *ISBN: 978-3-7322-8527-3*

Zehn Hypnosen. Band 13: Depressive Gedanken *ISBN: 978-3-7322-8528-0*

Zehn Hypnosen. Band 14: Panikanfälle *ISBN: ISBN: 978-3-7322-8533-4*

Zehn Hypnosen. Band 15: Gewalterfahrungen *ISBN: 978-3-7322-8535-9*

Zehn Hypnosen. Band 16: Posttraumatischer Stress *ISBN: 978-3-7322-8538-9*

Zehn Hypnosen. Band 17: Prüfungsangst und Lampenfieber *ISBN: 978-3-7322-8546-4*

Zehn Hypnosen. Band 18: Anti-Gewalt-Training *ISBN: 978-3-7322-8549-5*

Zehn Hypnosen. Band 19: Suchttendenzen *ISBN: 978-3-7322-8550-1*

Zehn Hypnosen. Band 20: Soziale Phobie und Kontaktangst *ISBN: 978-3-7322-8557-0*

## Weitere Hypnosebücher

Die große Hypnosekartei. Textbausteine für Hypnosen *ISBN: 978-3-7322-8634-8*

Selbsthypnose. Das Praxisbuch *ISBN: 978-3-7322-4667-0*

Hypnose kreativ gestalten. Anleitungen für die Praxis *ISBN: 978-3-8448-0308-2*

Hypnosepraxis. Ein Leitfaden der Trancearbeit *ISBN: 978-3-8370-7629-5*

Reframing in Trance. Perspektiven mit Hypnose ändern *ISBN: 978-3-8370-7639-4*

Rückführungen. Leitfaden der Reinkarnationstherapie *ISBN: 978-3-8370-7642-4*

Der Hypnosebaukasten. Textbausteine und Anleitungen *ISBN: 978-3-8391-8109-6*

Grundkurs Hypnose *ISBN: 978-3-8391-0170-4*

Suggestionen richtig formulieren *ISBN 978-3-8370-9519-7*

## Suggestionstexte und Hypnosevorlagen

Hypnosetexte 1. 50 ausformulierte Suggestionstexte für den Hypnosehauptteil *ISBN: 978-3-7322-4658-8*

Hypnosetexte 2. 50 ausformulierte Suggestionstexte für den Hypnosehauptteil *ISBN: 978-3-7322-4659-5*

Hypnosetexte 3. 50 ausformulierte Suggestionstexte für den Hypnosehauptteil *ISBN: 978-3-7322-4660-1*

Hypnosetexte 4. 50 ausformulierte Suggestionstexte für den Hypnosehauptteil *ISBN: 978-3-7322-4665-6*

Hypnosetexte 5. 50 ausformulierte Suggestionstexte für den Hypnosehauptteil *ISBN: 978-3-7322-8631-7*

Hypnosetexte 6. 50 ausformulierte Suggestionstexte für den Hypnosehauptteil *ISBN: 978-3-7322-8625-6*

### Heilpraktikerbücher

Heilpraktiker für Psychotherapie. Prüfungswissen
*ISBN: 978-3-8334-9867-1*

Heilpraktiker für Psychotherapie. Die mündliche Prüfung
*ISBN: 978-3-8334-9868-8*

Heilpraktiker für Psychotherapie. Die schriftliche Prüfung
*ISBN: 978-3-8370-0347-5*

Heilpraktiker für Psychotherapie. 20 Fallbeispiele
*ISBN: 978-3-8370-1090-0*

Endlich Heilpraktiker. Die häufigsten Irrtümer in der Psychotherapieprüfung *ISBN: 978-3-8370-0329-1*

Übungsaufgaben Psychotherapie. Zur Vorbereitung auf den kleinen Heilpraktiker *ISBN: 978-3-8370-0683-4*

Crashtest Psychotherapie. Zur Vorbereitung auf den kleinen Heilpraktiker *ISBN: 978-3-8370-0709-1*

Spezialtest Psychotherapie. Für kleine und große Heilpraktiker *ISBN: 978-3-8370-5838-3*

Heilpraktikerprüfung Psychotherapie. 200 kommentierte Aufgaben *ISBN: 978-3-8370-6017-1*

Diagnosetraining Psychotherapie. Ein Arbeits- und Nachschlagebuch *ISBN: 978-3-8370-4281-8*

Psychotherapie. Der Fragenkatalog. Fachwissen Heilkunde
*ISBN: 978-3-8370-5396-8*

**FSC**

www.fsc.org

MIX

Papier aus ver-
antwortungsvollen
Quellen

Paper from
responsible sources

FSC® C105338